मेरी हनुमान चालीसा

देवदत्त पट्टनायक

रेखाचित्र लेखक द्वारा

अनुवाद : भरत तिवारी

रूपा

प्रकाशक
रूपा पब्लिकेशंस इंडिया प्राइवेट लिमिटेड 2018
7/16, अंसारी रोड, दरियागंज, नई दिल्ली 110002

सेल्स सेन्टर:
इलाहाबाद बेंगलुरू चेन्नई
हैदराबाद जयपुर काठमाण्डू
कोलकाता मुम्बई

कॉपीराइट © देवदत्त पट्टनायक 2017, 2018
चित्रण कॉपीराइट © देवदत्त पट्टनायक 2017, 2018
आवरण चित्र: हनुमान राक्षस कालनेमि को रौंदकर
संजीवनी बूटी युक्त पर्वत ले जाते हुए

इस पुस्तक में व्यक्त विचार लेखक के अपने हैं और तथ्य उनके
द्वारा सूचित किए गए हैं जिन्हें सम्भावित सीमा तक सत्यापित किया गया है।
प्रकाशक किसी भी तरह से उनके लिए उत्तरदायी नहीं है।

यह पुस्तक इस शर्त पर विक्रय की जा रही है कि प्रकाशक की लिखित पूर्वानुमति के
बिना इसका व्यावसायिक अथवा अन्य किसी भी रूप में उपयोग नहीं किया जा सकता।
इन्हें पुन: प्रकाशित पर विक्रय या किराए पर नहीं दिया जा सकता है तथा जिल्दबंद
अथवा किसी भी अन्य रूप में पाठकों के मध्य इसका परिचालन नहीं किया जा सकता।
ये सभी शर्तें पुस्तक के खरीददार पर भी लागू होंगी।
इस संदर्भ में सभी प्रकाशनाधिकार सुरक्षित है

सर्वाधिकार सुरक्षित
प्रकाशक की पूर्व अनुमति के बिना इस प्रकाशन का कोई भी हिस्सा,
किसी भी रूप में या किसी भी प्रकार से, इलेक्ट्रॉनिक, मशीनी, फोटोकॉपी
या रिकार्डिंग द्वारा प्रतिलिपित या प्रेषित नहीं किया जा सकता।

ISBN: 978-81-291-5050-9

दूसरा संस्करण 2019

10 9 8 7 6 5 4 3 2

देवदत्त पट्टनायक इस पुस्तक के लेखक होने के नैतिक अधिकार का दावा करते हैं।

मुद्रक: थॉमसन प्रेस (इंडिया) लिमिटेड, फरीदाबाद

भीतर और बाहर के गीत के लिए...

अनुवादक की ओर से

यह किताब मौलिक रूप से एक अलग किताब है। इसका अनुवाद दो तरह की दुनिया को मिलाता है। अंग्रेज़ी और हिन्दी की दुनिया। देवदत्त पट्टनायक की भाषा सरल और सटीक है। उनके शब्द एक तस्वीर बनाते हैं। ऐसे में अंग्रेज़ी में सोचे गए शब्दों को हिन्दी की शक्ल देने में जो चुनौती आई है, आशा है पाठक उसे समझ पाएंगे।

फ़ैज़ाबाद में जन्में और दिल्ली में बसे, बहुमुखी प्रतिभाशाली शब्दांकन के संस्थापक संपादक प्रसिद्ध फ़ोटोग्राफर, इंटीरियर डिज़ाइनर लेखक व अनुवादक भरत तिवारी की कृतियों में उनका संवेदनशील, सामाजिक व सांस्कृतिक विचारक होना नज़र आता है।

अनुक्रम

मेरी हनुमान चालीसा क्यों?	9
शब्द	11
खोज	15
दोहा 1 : मन-मंदिर की स्थापना	17
दोहा 2 : इच्छाओं का बयान	19
चौपाई 1 : वानर क्यों भगवान?	23
चौपाई 2 : वायु का पुत्र	27
चौपाई 3 : गरजता शरीर, चमकता दिमाग़	31
चौपाई 4 : दर्शन	35
चौपाई 5 : शूरवीर, सेवक और संत	38
चौपाई 6 : रुद्र का ग्यारहवाँ अवतार	41
चौपाई 7 : चतुर और चिंताशील	44
चौपाई 8 : दूसरों की कहानियाँ	46
चौपाई 9 : परिस्थितियों में ढल जाना	51
चौपाई 10 : दैत्य संहारक	54
चौपाई 11 : लक्ष्मण की रक्षा	57
चौपाई 12 : भरत के जैसा भाई	60
चौपाई 13 : विष्णु के अवतार	63
चौपाई 14 : ब्रह्मा और उनके मस्तिष्क से जन्मे पुत्र	66
चौपाई 15 : हर तरफ़ हैं चाहने वाले	69
चौपाई 16 : सुग्रीव को समर्थ बनाना	72

चौपाई 17 : विभीषण का सशक्तिकरण	76
चौपाई 18 : सूरज बना फल	79
चौपाई 19 : वानरपन	82
चौपाई 20 : दक्षिण-पूर्व एशिया में	86
चौपाई 21 : द्वारपाल	90
चौपाई 22 : क़िस्मत के रखवाले	93
चौपाई 23 : तीन लोक	96
चौपाई 24 : भूत भगाएँ दूर	100
चौपाई 25 : दुःख करें दूर	104
चौपाई 26 : दिव्य के साथ मिलाना	106
चौपाई 27 : संन्यासी राजा की सेवा	109
चौपाई 28 : इच्छाओं का रथ	113
चौपाई 29 : चार युग	116
चौपाई 30 : चीन में	119
चौपाई 31 : देवी और तंत्र	121
चौपाई 32 : भगवान को परोसना	125
चौपाई 33 : कर्म और पुनर्जन्म	128
चौपाई 34 : स्वर्ग	131
चौपाई 35 : एक ही पर्याप्त है	134
चौपाई 36 : समाधानकर्ता	137
चौपाई 37 : गुरु और गोसाईं	139
चौपाई 38 : मुक्ति	142
चौपाई 39 : कविता का शीर्षक	145
चौपाई 40 : कवि के बारे में	147
दोहा 3 : हनुमान हो जाना	151
आभार	157

मेरी हनुमान चालीसा क्यों?

बुरी तरह भीड़ से भरी हुई मुंबई की लोकल ट्रेन में एक दृश्य जो बरबस आपका ध्यान अपनी तरफ़ खींचता है, वह है लोगों को किसी कोने में जगह बनाए, मंदिरों के बाहर सड़क पर बिकने वाली एक छोटी-सी किताब को पढ़ते देखना। इन छोटी किताबों में सबसे अधिक लोकप्रिय हनुमान चालीसा है। शहरी जीवन में कुचली जाती मानवता के बीच, आप उस पाठक के चेहरे पर चमक देखते हैं। यह किसी के अपने हिंदू धर्म का वह सबसे ज़बरदस्त भाव है, जो आप को भारत की सड़कों पर दिख जाता है।

मुझे हमेशा आश्चर्य होता कि आख़िर हनुमान चालीसा है क्या और इसमें ऐसा क्या है जो इसे इतना लोकप्रिय बनाता है! इसकी भाषा —अवधी— हिंदी की एक प्राचीन बोली है, जो भारत की अनेक भाषाओं में से एक है। क्या लोगों को जो पढ़ रहे हैं, समझ आ रहा होता है? या फिर उसकी प्यारी धुन, दिनभर के काम की सोच से परेशान मन को सुकून देती है? या फिर यह बस एक धार्मिक क्रिया है, जिसमें मुद्दा उसे किया जाना है, सोचना और महसूस करना नहीं?

इसलिए मैंने तय किया कि इस प्रचलित धार्मिक किताब के बारे में और पता किया जाए, जिससे एक हिंदू भगवान सबकी पहुँच के अंदर आ जाता है। मुझे एहसास हुआ कि जिस तरह हर हिंदू चीज़ के साथ होता है, इसे लोग स्वेच्छा से पढ़ते हैं। न तो यह किसी गुरु का आदेश है और न ही किसी पुजारी की सलाह है। इसकी लोकप्रियता ज़बानी है। इसका साधारण होना इसे ऊँचा बनाता है। इसके बारे में खोजबीन करते हुए मुझे एहसास हुआ कि इसकी हर पंक्ति हमें 4,000 वर्ष पुरानी हिंदू विचारों की विरासत में छलांग लगाने देती है, वैसे ही, जैसे हनुमान छलांग मारते हैं अपने पालने से सूरज की ओर या समुद्र के पार लंका की ओर या संजीवनी बूटी उठाए, ज़मीन के ऊपर से पहाड़ों की ओर, हर बार राम को वापस पाने के लिए।

विशेष से शुरू करते हुए, हम अनंत के पार जाते हैं और अंततः अपने पास लौटते हैं।

जैसे-जैसे आप इस क़िताब के 43 छंदों को पढ़ते हैं, आप को पता लगेगा कि कवि ने कितनी संवेदना के साथ इसकी रचना की है, किस तरह यह मन में मंदिर बनाती है और मंदिर में भगवान की स्थापना करती है, और किस तरह इसकी पंक्तियाँ हमें जन्म की अवधारणाओं से होते हुए साहस, कर्तव्य और महिमा की अवधारणाओं और मृत्यु और पुनर्जन्म की अवधारणाओं से मिलाती हैं।

अपने लेखन में, मैं हमेशा ही शैक्षणिक दृष्टिकोण से बचता हूँ, क्योंकि विद्वान हमेशा 'असली' सच की खोज में लगे होते हैं, जबकि मेरी दिलचस्पी 'अपने' सच और अपने पाठकों के सच को विस्तार देने में होती है। जब आप 100% पूर्णता चाहते हैं, तो अक्सर 99% पाठकों को चिड़चिड़ी और अक्सर आत्म-सेवी बहसों में खो देते हैं। लेकिन अगर आप 90% पूर्णता की चाहत रखें, तो विचारोत्तेजक जानकारियों से, जिनका इरादा विश्वास दिलाना नहीं बल्कि समृद्ध किया जाना होता है, आप 90% से अधिक पाठकों तक पहुँचते हैं। और मेरे लिए यह बहुत है। इसलिए पेश है मेरी हनुमान चालीसा, इस दृढ़ विश्वास के साथ कि :

अनंत पुराणों में छिपा है सनातन सत्य,
इसे पूर्णतः किसने देखा है?
वरुण के हैं नयन हज़ार,
इंद्र के सौ,
आपके मेरे केवल दो।

शब्द

श्रीगुरु चरन सरोज रज निज मनु मुकुरु सुधारि।
बरनउँ रघुबर बिमल जसु जो दायकु फल चारि।।

बुद्धिहीन तनु जानिके सुमिरौं पवनकुमार।
बल बुद्धि बिद्या देहु मोहिं हरहु कलेस बिकार।।

1. *जय हनुमान ज्ञान गुन सागर। जय कपीस तिहुँ लोक उजागर।। 1 ।।*
2. *राम दूत अतुलित बल धामा। अंजनिपुत्र पवनसुत नामा।। 2 ।।*
3. *महाबीर बिक्रम बजरंगी। कुमति निवार सुमति के संगी।। 3 ।।*
4. *कंचन बरन बिराज सुबेसा। कानन कुण्डल कुंचित केसा।। 4 ।।*
5. *हाथ बज्र औ ध्वजा बिराजै। काँधे मूँज जनेउ साजै।। 5 ।।*
6. *संकर सुवन केसरीनंदन। तेज प्रताप महा जग बंदन।। 6 ।।*
7. *बिद्यावान गुनी अति चातुर। राम काज करिबे को आतुर।। 7 ।।*
8. *प्रभु चरित्र सुनिबे को रसिया। राम लखन सीता मन बसिया।। 8 ।।*
9. *सूक्ष्म रूप धरि सियहिं दिखावा। बिकट रूप धरि लंक जरावा।। 9 ।।*
10. *भीम रूप धरि असुर सँहारे। रामचंद्र के काज सँवारे।। 10 ।।*
11. *लाय संजीवन लखन जियाये। श्रीरघुबीर हरषि उर लाये।। 11 ।।*
12. *रघुपति कीन्ही बहुत बड़ाई। तुम मम प्रिय भरतहि सम भाई।। 12 ।।*
13. *सहस बदन तम्हरो जस गावैं। अस कहि श्रीपति कण्ठ लगावैं।। 13 ।।*
14. *सनकादिक ब्रह्मादि मुनीसा। नारद सारद सहित अहीसा।। 14 ।।*
15. *जम कुबेर दिगपाल जहाँ ते। कबि कोबिद कहि सके कहाँ ते।। 15 ।।*
16. *तुम उपकार सुग्रीवहिं कीन्हा। राम मिलाय राज पद दीन्हा।। 16 ।।*
17. *तुम्हरो मंत्र बिभीषन माना। लंकेस्वर भए सब जग जाना।। 17 ।।*
18. *जुग सहस्र जोजन पर भानू। लील्यो ताहि मधुर फल जानू।। 18 ।।*

19. प्रभु मुद्रिका मेलि मुख माहीं। जलधि लाँघि गये अचरज नाहीं।। 19 ।।
20. दुर्गम काज जगत के जेते। सुगम अनुग्रह तुम्हरे तेते।। 20 ।।
21. राम दुआरे तुम रखवारे। होत न आज्ञा बिनु पैसारे।। 21 ।।
22. सब सुख लहै तुम्हारी सरना। तुम रच्छक काहू को डरना।। 22 ।।
23. आपन तेज सम्हारो आपै। तीनों लोक हाँक तें काँपै।। 23 ।।
24. भूत पिसाच निकट नहिं आवै। महाबीर जब नाम सुनावै।। 24 ।।
25. नासै रोग हरै सब पीरा। जपत निरंतर हनुमत बीरा।। 25 ।।
26. संकट तें हनुमान छुड़ावै। मन क्रम बचन ध्यान जो लावै।। 26 ।।
27. सब पर राम तपस्वी राजा। तिन के काज सकल तुम साजा।। 27 ।।
28. और मनोरथ जो कोई लावै। सोई अमित जीवन फल पावै।। 28 ।।
29. चारों जुग परताप तुम्हारा। है परसिद्ध जगत उजियारा।। 29 ।।
30. साधु संत के तुम रखवारे। असुर निकंदन राम दुलारे।। 30 ।।
31. अष्टसिद्धि नौ निधि के दाता। अस बर दीन जानकी माता।। 31 ।।
32. राम रसायन तुम्हरे पासा। सदा रहो रघुपति के दासा।। 32 ।।
33. तुम्हरे भजन राम को पावै। जनम जनम के दुख बिसरावै।। 33 ।।
34. अंत काल रघुबर पुर जाई। जहाँ जन्म हरिभक्त कहाई।। 34 ।।
35. और देवता चित्त न धरई। हनुमत सेइ सर्ब सुख करई।। 35 ।।
36. संकट कटै मिटै सब पीरा। जो सुमिरै हनुमत बलबीरा।। 36 ।।
37. जै जै जै हनुमान गोसाईं। कृपा करहु गुरुदेव की नाईं।। 37 ।।
38. जो सत बार पाठ कर कोई। छूटहि बंदि महा सुख होई।। 38 ।।
39. जो यह पढ़ै हनुमान चालीसा। होय सिद्धि साखी गौरीसा।। 39 ।।
40. तुलसीदास सदा हरि चेरा। कीजै नाथ हृदय महँ डेरा।। 40 ।।

पवन तनय संकट हरन मंगल मूरति रूप।
राम लखन सीता सहित हृदय बसहु सुर भूप।।

खोज

दोहा 1 : मन-मंदिर की स्थापना

श्रीगुरु चरन सरोज रज निज मनु मुकुरु सुधारि।
बरनउँ रघुबर बिमल जसु जो दायकु फल चारि।।

अपने दिमाग को अपने गुरु के पैरों की पराग-की-धूल से चमकाने के बाद।
मैं, चार फल देने वाले, रघुकुल के देव (राम) की निष्कलंक महिमा का गान करता हूँ।

इस तरह चार सदी पूर्व, गंगा के मैदानी इलाकों में बसे अवध, या अयोध्या और काशी, या वाराणसी, में बोली जाने वाली हिंदी, अवधी में तुलसीदास लिखित हनुमान चालीसा शुरू होती है।

चालीसा यानी चालीस (40) छंदों वाली कविता, हालाँकि हनुमान चालीसा में तैंतालीस (43) छंद हैं। मुख्य चालीस छंद के अलावा इन्हें सजाने का काम करने वाले तीन दोहे, दो प्रारंभ में और एक अंत में हैं। ये दोहे चालीसा द्वारा बनाए जाने वाले 'मनमंदिर' में प्रवेश और निकास द्वार की तरह हैं।

हिंदुओं का हमेशा से यह मानना रहा है कि जिस तरह ईंट, लकड़ी और पत्थर से मंदिर बनाया जा सकता है, उसी तरह शब्दों और छंद-कविता के प्रयोग से मन में मंदिर बन सकता है। भौतिक संसार के समानांतर में ही मानसिक संसार होता है। हिंदू ग्रंथों के अनुसार, इन्हीं दोनों संसारों में प्रत्येक जीवित प्राणी (जीव) रहता है। एक निर्जीव (अजीव) ही है, जो केवल भौतिक संसार में रहता है।

हिंदू धर्म में मस्तिष्क और तत्व को एक-दूसरे पर निर्भर देखा जाता है, और उनका विरोधाभासी होना दिखाने के लिए अनेक शब्दों का इस्तेमाल किया गया, जैसे- देही-देह, आत्मा-शरीर, पुरुष-प्रकृति, शिव-शक्ति। यह मानसिक संसार का महत्त्व ही है, जिसके कारण हिंदू धर्म की पुस्तकों में प्रतीकों और रूपकों का बहुत प्रयोग किया गया है। लिखा-हुआ उनके लिए है जो प्रतीकों से कही गई मानसिक भाषा नहीं समझ सकते और भौतिक रूप को ही सच समझना चाहते हैं। लिखे-हुए के पीछे भागने की यह लालसा, असुरक्षा दिखाती है, क्योंकि असुरक्षित दिमाग़ के लिए, दिख रहे तत्व को क़ाबू में लेना आसान होता है, बजाय मस्तिष्क के, जो दिखाई ही नहीं देता।

इस छंद में मन को दर्पण, जो संसार की ही छाया दिखाता है, कहा गया है। हमें लगता है कि हम असली दुनिया से जुड़े हुए हैं, जबकि असल में हम मन-दर्पण में दिख रही दुनिया की छाया से जुड़े होते हैं। हम जानते हैं कि शीशा यदि गंदा होगा, तो हमें दुनिया भी गंदी ही दिखेगी, और इसलिए हमें उसे साफ़ करना होगा, और सफ़ाई की जाती है, गुरु के पाँवों की धूल से। गुरु की सिद्धि ऐसी है कि उनके पाँव की धूल में परागकणों का पौरुष है।

हमारे दूषित मन-दर्पण का सामना राम की शुद्ध (विमल) महिमा से होता है- राम जो उन चार फलों के दाता हैं जिन से मानव जीवन का उद्धार होता है : धर्म (सामाजिक व्यवस्था), अर्थ (धनशक्ति), काम (आनंद) और मोक्ष (सांसारिक बंधनों से मुक्ति)।

क्या गुरु के चरण-पराग और भगवान द्वारा दिए गए फल में कोई रिश्ता है? हो सकता था। मन जो एक दर्पण (मुकुर) है, को एक फूल (मुकुल) की तरह भी देखा जा सकता है, सोचने पर एक-जैसी ध्वनि वाले शब्द। क्या कवि ने जान-बूझ कर इसका इस्तेमाल किया है? हम अनुमान तो निश्चित रूप से लगा सकते हैं। पराग-फूल-फल रूपकों का प्रयोग कर के गुरु के ज्ञान, एक साफ़ मानव दिमाग़ और दैव की महिमा में संबंध स्थापित किया गया है, जो एक साथ होने पर हमारी जो इच्छा है वह देंगे।

दोहा 2 : इच्छाओं का बयान

गुरु और आह्वानित भगवान से आशीर्वाद माँगने और मन-दर्पण को चमकाने के बाद, अब समय है हमारे द्वारा किये जा रहे इस उद्यम के कारण को बताने का। अब समय है संकल्प लेने का।

दोहा 2 : इच्छाओं का बयान

बुद्धिहीन तनु जानिके सुमिरौं पवनकुमार।
बल बुद्धि बिद्या देहु मोहिं हरहु कलेस बिकार।।

यह जानते हुए कि मुझमें बुद्धि की कमी है, मैं वायुदेव के पुत्र (हनुमान) को याद करता हूँ,
वे निश्चय ही मुझे शक्ति, बुद्धि, शिक्षा प्रदान करेंगे और सारी समस्याओं को दूर करेंगे।

संकल्प से प्रयोजन का उद्देश्य बताया जाता है। किसी भी हिंदू अनुष्ठान की शुरुआत संकल्प से ही होती है। हम यह जानकारी देते हैं कि हम कौन हैं और हम जो कर रहे हैं वह क्यों कर रहे हैं। यह छंद संकल्प है कि हम वायुदेव (पवन) के पुत्र (कुमार) हनुमान का आह्वान कर रहे हैं, ताकि हमें वह मिल सके जो हम चाहते हैं लेकिन जो हमारे पास नहीं है और उनसे मुक्ति मिले जो हम नहीं चाहते हैं लेकिन हमारे पास हैं। इस तरह इच्छा का बीज, इस आशा के साथ कि वह फले-फूलेगा, बोया जाता है। शायद कवि चाहता है कि हनुमान उसकी देखभाल वैसे ही करें, जैसे हनुमान की देखभाल उनके दिव्य पिता, वायुदेव ने की थी और इसीलिए उन्होंने हनुमान को उनके पिता के नाम से संबोधित किया है।

अपनी पहचान हम कम बुद्धि वाले (बुद्धिहीन) के रूप में करते हैं। बोलचाल की भाषा में, जिसमें अक़्ल न हो उसे बुद्धू और जिसके पास हो उसे या तो बुद्धिमान या पूर्णतया जाग्रत, बुद्ध कहा जाता है।

बुद्ध 2,500 वर्ष पूर्व रहने वाले एक राजकुमार को तब दी गई उपाधि है, जब वह इस निष्कर्ष पर पहुँचा कि जहाँ जीवन है वहाँ इच्छाएँ हैं, और इसलिए कष्ट। कष्ट तब ख़त्म हो जाते हैं, जब हमें समझ आता है कि स्थायी कुछ भी नहीं है, न ये दुनिया और न ही ख़ुद को जाने रखने की हमारी चेतना। परम लक्ष्य उस मैं को भूलने (निर्वाण) का था, जो दुनिया को असली और स्थायी मानने से पैदा होता है। बुद्ध ने इस विचार (धम्म, पाली में धर्म को धम्म कहते हैं) का विस्तार मठों की स्थापना (संघ) से किया।

इससे अलग, हिंदू धर्म जीवन-प्रधान है। इच्छा (काम) दुनिया को बनाने वाली ताक़त के रूप में देखी जाती है, जिसमें भाग्य (कर्म) एक विरोधी शक्ति बन इच्छाओं के पूरा होने को सीमित करता है। जीवन को उद्देश्य देने के लिए इच्छाओं का आनंद भाग्य को स्वीकारते हुए और बग़ैर दोनों का आदी हुए, यह समझने से होता है कि ज़िंदगी संतुष्टि और दुख, इच्छा और भाग्य के अलावा और बहुत कुछ है। ऐसा तभी होगा, जब हममें बल और ज्ञान के साथ बुद्धि होगी, यही इस छंद का आशय है।

बग़ैर बुद्धि का ज्ञान हमें दुनियादार होने से रोक़ता है। बग़ैर ज्ञान की बुद्धि हमें छोटी सोच वाला कूपमंडूक बनाती है। ज्ञान अनंत और असीम होता है और हिंदू धर्म में ईश्वर इसी अनंत ज्ञान का स्वरूप है। वास्तविकता के सिर्फ़ 'भाग' तक ही सबकी पहुँच होती है- जिसे सारे भाग पता होते हैं वह भगवान है।

यह सूचना का युग है। हर चीज़, हर इनसान के बारे में -कंप्यूटर और डेटाबेस से मिलने वाले आँकड़ों से- जानकारी इकट्ठा करते-करते बहुत संभव है कि हम यह मानने लगें कि हम अनंत-ज्ञान प्राप्ति यानी भगवान होने की ओर हैं। लेकिन भूलिए नहीं कि ये डेटा महज़ भौतिक है, मानसिक नहीं...सिर्फ़ किसी मसले को छेड़े जाने वाली चीज़ और उस पर हुई उत्तेजना का आकलन भर। टेक्नोलॉजी की मदद से जोड़ा-तोड़ा व्यवहार भर, इसके फेरे में विचार और भावना नहीं आते। दिमाग़ ऐसे उत्तेजना के कारक को किस तरह ग्रहण करता है और उससे क्या निष्कर्ष निकालता है, ऐसी किसी जानकारी का आकलन इस डेटा में नहीं होता। आज का विज्ञान पदार्थ पर इतना केंद्रित है कि वह मान कर चलता है कि नापे जा सकने वाले 'इनपुट'

(उत्तेजना के कारक) और नापा जा सकने वाला 'आउटपुट' (व्यवहार में बदलाव) विचार और भावना को ही दिखाता है, इसके अलावा और किसी तर्क विज्ञान को नकार देता है। और सच्चाई को समझना - हम क्या महसूस करते हैं (नहीं नापा जा सकता) के बजाय हम क्या करते हैं (नापा जा सकता) - हो जाता है। बहुत हुआ तो किए-गए को भावना का सूचक मान लिया जाता है। हद हुई तो किए-गए को प्रासंगिक, जबकि भावना को किसी महत्त्व का नहीं समझा जाता है। बुद्धिलब्धि (Intelligence quotient) या भावनात्मक गुणक (emotional index) की बात करते समय पश्चिम, दिमाग़ की सारी समझ को व्यवहार के नाप-तौल से निकालता है। वैज्ञानिक इसलिए मापक यंत्रों से सीमित हैं। आधुनिक विमर्श की यह पहचान है और यह पारंपरिक भारतीय ज्ञान को विमर्श से बाहर करती है, जहाँ नाप-तौल को निश्चितता के भ्रम (माया) की स्थापना के रूप में देखा जाता है।

गिनतियों, आँकड़ों, हासिल और सूचकांकों यानी गणित से जुनूनी लगाव उस इच्छा को दर्शाता है, जो किसी इनसान के व्यवहार का नियंत्रण, संचालन और फेरबदल करना चाहती है। नियंत्रण हिंदू धर्म में भय की ओर संकेत देता है। बुद्धिमान नियंत्रण की इच्छा रखता है: ताक़तवर इनसान नियंत्रण की कमी से निबटना जानता है और पढ़ा-लिखा समझदार जानता है कि नियंत्रण बेकार की चीज़ है। इसलिए, हम हनुमान से बल के साथ-साथ ज्ञान और बुद्धि के होने को माँगते हैं।

हम हनुमान से अपनी समस्याओं को दूर किए जाने की प्रार्थना भी करते हैं : समस्याएँ जो हमारे दिमाग़ को परेशान करती हैं (क्लेश) और समस्याएँ जो हमारे शरीर को परेशान करती हैं (विकार)। साधारण भाषा में क्लेश का अर्थ किसी भी तरह की दिक़्क़त होता है, लेकिन संस्कृत में क्लेश, वासना (काम), गुस्सा (क्रोध), अभिमान (मद), जुनून (राग), शत्रुता (द्वेष), ईर्ष्या (मत्सर) जैसी समस्याओं की उस मानसिक जड़ को बताता है, जो हमारे या हमारे आस-पास के लोगों के अंदर होती है।

ध्यान दें कि हम हनुमान से जो भी माँग रहे हैं, उससे दिमाग़ और शरीर जुड़ा हुआ है : हम चाहते हैं कि वो हमें बल, विद्या और बुद्धि दें। हम उनसे सौभाग्य या सफलता नहीं माँग रहे हैं। हमें पता है, एक स्वस्थ दिमाग़ से हमेशा ज़िंदगी की तमाम मुश्किलों को पार करते हुए ख़ुशी पाई जा सकती है।

हम इस दोहे से अपना परिचय देते हैं। गुरु और प्रभु के प्रति श्रद्धा अर्पण करते हुए अपनी इच्छा बताने के बाद अब हम चालीसा के मुख्य हिस्से में जाते हैं।

चौपाई 1 : वानर क्यों भगवान?

जय हनुमान
ज्ञान गुन सागर।
जय कपीस
तिहुँ लोक उजागर।।

हनुमान की जय हो
जो ज्ञान और गुण के सागर हैं।
वानरों में दिव्य की जय हो
जो तीन संसारों को रोशन करते हैं।

इस छंद में पहली बार हनुमान को उनके सबसे लोकप्रिय नाम, हनुमान से संबोधित किया गया है साथ ही उन्हें वानर भी बताया गया है।

संस्कृत में हनुमान का अर्थ, जिसका मुख या जबड़ा बड़ा, बिगड़ा हुआ हो, यानी वानर। बोलचाल की भाषा में इस नाम का अर्थ होता है, जिसने अपने अहंकार, गर्व (मान) को ख़त्म (हनन) किया हो। यह अर्थ रामायण की संरचना से मेल भी खाता है, जिसमें पहली बार हनुमान का ज़िक्र हुआ है।

कुछ विद्वानों का मानना है कि हनुमान शब्द की उत्पत्ति आदि-द्रविड़ शब्द अन-मण्डि (an-mandi) से हुई है, जिसका अर्थ शायद नर वानर होता है और बाद में जिससे संस्कृत शब्द हनुमान बनाया गया। वो यह भी देखने को भी कहते हैं कि हनुमान को थाईलैंड में अनुमान और मलेशिया में अंडोमान कहते हैं। ये वह देश हैं, जहाँ द्रविड़ संस्कृति का विस्तार बहुत पहले हो गया था। और यह तो पहले से ही कहा जाता रहा है कि बंगाल

की खाड़ी के अंडमान द्वीप का नाम जहाज़ियों द्वारा सुनाए जाने वाले उन क़िस्सों से आया है, जिनमें वे उस वानर के बारे में बताया करते थे, जो समुद्र के आरपार, एक द्वीप से दूसरे द्वीप तक कूद सकता था। शुरुआती तमिल संगम साहित्य के परिचितों का इस सिद्धांत से विवाद है।

महाकाव्य रामायण कोई दो हज़ार साल पहले अपने अंतिम रूप में पहुँची और यह उन पहले महाकाव्यों में से है, जिन्हें वेदों की बातें जनसाधारण तक पहुँचाने के लिए लिखा गया। यहीं हिंदू धर्म की एक नई धारा, पौराणिक हिंदू धर्म का जन्म होता है, जिसे मंदिर संस्कृति का बढ़ता प्रचलन भी दर्शाता है।

रामायण लिखे जाने से करीब एक हज़ार या इससे भी अधिक वर्षों पहले तक वैदिक विचारों को मंत्र, धुन, अनुष्ठान और बातचीत के माध्यम से कहा जाता था, न कि कहानी। इनको सुनने वाले कम होते थे, बौद्धिक अभिजात वर्ग, जैसे- पुजारी, दार्शनिक और कुलीन वर्ग, यानी जिनके पास समय बहुत होता था। अधिक से अधिक लोगों तक यह पहुँचाने के लिए व्यास -जिन्हें वैदिक मंत्रों की रचना का श्रेय दिया जाता है- ने कहानियाँ और महाकाव्य रचे, जिनमें राम की कहानी भी शामिल है। यह सब पुराणों के रूप में संगृहीत है।

कुछ का कहना है कि व्यास ने ही इन कहानियों को लिखा था, कुछ कहते हैं उन्होंने मार्कंडेय जैसे दूसरे ऋषियों से सुनी कहानियों का संग्रह किया, और कुछ ऐसे भी हैं जिनके अनुसार व्यास ने इन्हें शिव से सुना या फिर उन पक्षियों और मछलियों से जिन्होंने शिव और शक्ति की बातचीत को सुन लिया था। इन्हीं पक्षियों में से एक, काकभुशुंडि नाम का कौआ था, जिसने राम की कहानी नारद ऋषि को सुनाई थी। नारद ने आगे वह कहानी ऋषि वाल्मीकि को सुनाई, जिन्होंने उस कहानी को संसार की पहली कविता में बदल दिया और महाकाव्य रामायण का जन्म हुआ, जिसे आदिकाव्य भी कहते हैं।

रामायण में हमें तीन तरह के पात्र दिखाई देते हैं। उत्तर दिशा में अयोध्या में मनुष्य ऋषियों की छत्रछाया में, जो इनसानों की सोच को ऐसा विस्तार देना चाहते हैं जिससे वे अपनी दिव्य शक्ति (ब्रह्मत्व) को खोज सकें, यही वेदों का मूल है। दक्षिण में, समुद्र के पार, लंका द्वीप में राक्षस, एक ऋषि के बेटे रावण की छत्रछाया में, जो वैदिक ज्ञान का प्रयोग शक्ति पाने

चौपाई 1 : वानर क्यों भगवान? 25

के लिए करता है और वैदिक बुद्धिमत्ता का समावेश करने में नाकाम रहता है। इनके बीच वानर रहते हैं।

रामायण पढ़ते समय 'उत्तर' और 'दक्षिण' जैसे शब्दों को उनके शाब्दिक अर्थ में नहीं, बल्कि प्रतीक रूप में पढ़े जाने की ज़रूरत है, क्योंकि वैदिक अवधारणाएँ पूरी तरह मानसिक स्तर की होती हैं और उनका लक्ष्य दुनिया को हमें कैसे देखना है, बताना होता है। राम एक रूपक हैं। और रावण भी। और हनुमान भी। रामायण हमारे दिमाग़ के मंच-पटल पर रची जाती है।

प्रकृति में, जानवरों, जिनमें वानर भी शामिल हैं, में खाने की प्रतिस्पर्धा होती है और इसलिए हावी होने की और इलाक़े को अपना जताने की, ताकि खाना सुरक्षित रह पाए। हर व्यवहार का उद्देश्य यह तय किया जाना है कि शरीर जीवित रहे। यह जंगल का तरीक़ा है (मत्स्य न्याय)। इस पाशविक प्रवृत्ति के परे जाना ही इंसानियत की पहचान है; यह मनुष्य की दिव्य क्षमता है। इस रास्ते पर चलना धर्म है। लेकिन जब हम प्रतिस्पर्धा, वर्चस्व और क्षेत्रीयता में शामिल हो जाते हैं, हम पशुओं से बदतर हो जाते हैं, हम अधर्म का रास्ता चुनने वाले राक्षस बन जाते हैं। राम धर्म का प्रतीक हैं। रावण अधर्म का प्रतीक है। हनुमान सारे वानरों में से वह हैं, जो राम को जाने वाला रास्ता चुनते हैं।

संसार 'मैं' (स्व-जीव) से बना है, जो दूसरों (पर-जीव) के परितंत्र) (ecosystem) में रहता है। वानरों समेत हर जानवर के लिए दूसरा शिकारी या शिकार, विरोधी या साथी होता है। लेकिन मनुष्यों में यह कुव्वत होती है कि वे इन घातक पाशविक प्रवृत्तियों से पार पा सकें। रामायण का 'उत्तर' हमारे द्वारा प्राप्त की जा सकने वाली परा-क्षमता है, जहाँ हम दूसरे और उसके डर में नहीं डूबे होते, बल्कि दूसरों की भूखों और डरों को संवेदना से समझ रहे होते हैं। यह स्नेही संसार ही राम का संसार है।

रामायण में 'दक्षिण' वह जगह है, जहाँ इतनी भूख और क्रोध है कि दूसरे को सिर्फ़ भोजन और दुश्मन ही देखा जाता है, और 'मैं' (जीव-आत्मा) स्वयं को तोड़मरोड़ कर अहम में बदल लेता है, दूसरों की जीवन-आभा (पर-आत्मा) को- और इसलिए सारे ब्रह्मांड में व्याप्त वैभव को समझ ही नहीं पाता। यह स्व-विलासित संसार ही रावण का संसार है।

चौपाई 1 : वानर क्यों भगवान?

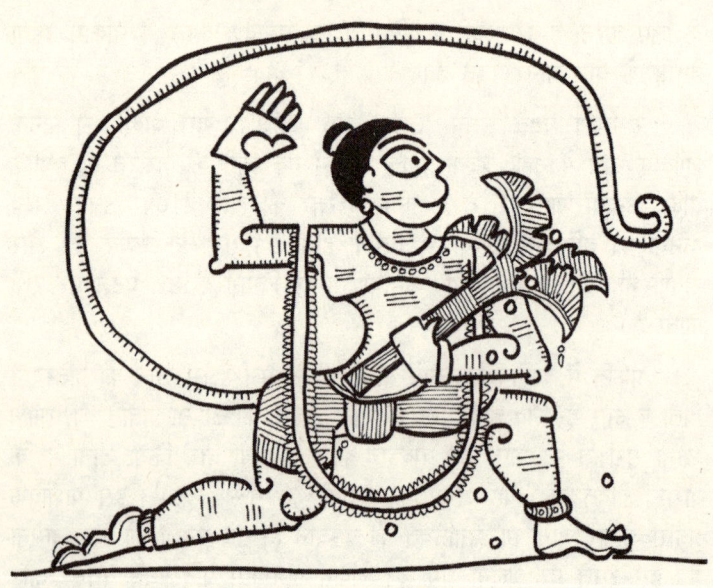

राम जिन ऋषियों की रक्षा करते हैं, वो वे संत हैं जो भूखे और कमज़ोर को शक्ति, सामर्थ्य और ज्ञान देने के लिए उत्तर से दक्षिण जाते हैं। इनको मालूम होता है कि दूसरे उत्तर से आने वाले संतों को या तो क़ब्ज़ा करने की मंशा रखने वाला दानी या हमलावर समझेंगे, जो जीने के उनके तरीक़े को ख़त्म करना चाहता है। ऋषि यह भी जानते हैं कि अगर उनका विवेक डोल गया, तो वे जिस ज्ञान और शक्ति की बात कर रहे हैं, स्वयं उसके वश में आ जाएँगे।

एक ऐसे ही ऋषि का पुत्र, रावण इस बात का प्रतीक है कि क्या ग़लत हो सकता है। रावण अपनी भरपूर शक्ति, ज्ञान और अक़्ल का प्रयोग अपने आसपास रहने वालों के शोषण के लिए, उनका शासक और मालिक बनने के लिए, अपना अनुयायी बनाने के लिए करता है, बजाय उन्हें अपना रास्ता चुनने की आज़ादी देने के लिए। इस उत्तर-दक्षिण के बीच की कगार में वानर प्रदेश है, हमारी पाशविक प्रकृति, जो दोनों तरफ़ जा सकती है— राम की ओर या रावण की ओर, संवेदना की ओर या शोषण की ओर, धर्म या अधर्म की ओर।

भूखा और डरा हुआ प्राणी लड़ना चाहता है, जीतना चाहता है, यानी विजयी होना, जिसमें किसी की हार होती है। बुद्धिमान अलग तरह की जीत की चाह रखता है, जय- जिसमें किसी की हार नहीं होती और हम अपनी भूख और उस डर पर जीत पाते हैं, जो हमें दूसरों को स्वीकारने, सराहने यहाँ तक कि स्थान भी नहीं देने देता। 'जय' और 'विजय' दोनों एक ही अर्थ देते लगते हैं, लेकिन इनके अर्थों में ज़रा-सा अंतर है। जय में हम आंतरिक जीत को महत्त्व देते हैं, जबकि विजय में बाहरी जीत को। हनुमान चालीसा पढ़ते समय हम हनुमान से और हनुमान के लिए इसी जय की कामना करते हैं।

बहुतों को रामायण के ऐसे सांकेतिक, रचनात्मक, या मानसिक पाठ से दिक़्क़त होती है। वो इसे ऐतिहासिक देखते हैं। तो वानर 'वन' में रहने वाला 'नर' या आदिम (वा) पुरुष (नर) हो जाता है। वे उत्तर को गंगा के मैदानी इलाक़ों में आर्य देश और दक्षिण को विंध्य पर्वत-श्रेणी के दक्षिण में द्रविड़ देश के रूप में देखते हैं। रामायण को इस तरह देखने वाले अक्सर वो होते हैं, जो सक्षम नहीं होते कि मानसिक से भौतिक को अलग देख सकें, जिसकी माप (सगुण) संभव हो और जिसकी माप संभव नहीं (निर्गुण) हो में फ़र्क़ कर सकें, और जो साकार और निराकार का अंतर समझें। क्योंकि दुनिया में विविधता है, इसलिए रामायण के भी विविध पाठों को संवेदना के साथ सराहा जाना चाहिए, ताकि हम इनसानी दिमाग़ की विविध ज़रूरतों को समझें।

चौपाई 2 : वायु का पुत्र

राम दूत
अतुलित बल धामा।
अंजनिपुत्र
पवनसुत नामा।।

राम के दूत
विशाल शक्ति के धारक।

अंजनी (माता) के पुत्र
वायुदेव (पिता) के पुत्र के नाम से भी जाने जाते हैं।

यह छंद हनुमान की उत्पत्ति और भूमिका पर केंद्रित है। उन्हें वायु देव और अंजनी या अंजना नामक एक वानरी का पुत्र बताया गया है, जो बहुत शक्तिशाली है और जो अपनी शक्ति का प्रयोग राम का दूत बन करता है।

वेदों में देवत्व अक्सर प्राकृतिक घटना को दिखाया गया था : इंद्र, आकाशीय चमक और बादलों का देवता; अग्नि, आग का देवता; सोम, पेड़ों के रस; सूर्य; वायु। वायु को बोलचाल की भाषा में पवन कहते हैं, तूफ़ानों के देव का नाम मारुत, वायु का ही एक नाम है। पवन का संबंध प्राण (फेफड़ों में भरी साँस) से भी है और वात (पेट में भरी गैस) से भी, यानी पवन जीवन का अभिन्न अंग है। वायु का देव जो आकाश से पृथ्वी को जोड़ता है, वह इंद्र का साथी और दूत है। यह भूमिका उसका पुत्र भी दोहराता है, जिसे वायुपुत्र और मारुति के नाम से भी जाना जाता है।

चौपाई 2 : वायु का पुत्र

अगर हनुमान को पिता से अपनी ज़बरदस्त ताक़त मिलती है, तो वानर माँ अंजना से वानरत्व मिलता है। अंजना का पुत्र होने के कारण उन्हें प्रायः आंजनेय भी बुलाया जाता है, ख़ासकर दक्षिण भारत में। हनुमान की माँ के बारे में ज़्यादा कुछ नहीं पता है। कुछ कहानियों में उन्हें अप्सरा बताया गया है, जिसे किसी ऋषि का ध्यान भंग करने के कारण पृथ्वी पर रहने का शाप मिला है। कुछ और कहानियों में उन्हें गौतम ऋषि, जिन्होंने अपनी पत्नी अहल्या को इंद्र की बाँहों में देख लिया था, की बेटी बताया गया है। उन्हें या तो गौतम से इसलिए शाप मिला है कि उन्होंने अपनी माँ के बारे में क्यों नहीं बताया या फिर अहल्या से कि उन्होंने अपने पिता से झूठ क्यों नहीं बोला। शाप के कारण वे वानर बन जाती हैं। वे किष्किंधा में रहने वाले वानर केसरी से विवाह करती हैं।

किसी भगवान द्वारा इनसान को गर्भवती किए जाने का प्रयोग ग्रीक पौराणिक कथाओं में -असाधारण नायक का होना तय करने के लिए- अक्सर नज़र आता है। इसलिए हरक्यूलिस के एक भगवान पिता (जीउस) और एक साधारण पिता (एम्फीट्रीन) हैं, जैसे कि हनुमान के एक भगवान पिता (वायु) और एक साधारण पिता (केसरी) हैं। क्या ग्रीक का इस कहानी पर कोई प्रभाव है? जब भारत में रामायण की रचना हो रही थी, हो सकता कहानी सुनाने वालों तक सिकंदर महान के साथ पूर्व-दिशा में आई कहानियाँ पहुँच गई हों। ख़ास सबूत नहीं हैं, इसलिए हम बस अंदाज़ा लगा सकते हैं।

यह समझना महत्त्वपूर्ण है कि हनुमान के माता-पिता के बारे में स्पष्ट वर्णन है। मतलब वे गर्भ से पैदा (योनिज) हुए हैं। उन्हें कहीं भी स्वयंभू (जो स्वयं प्रकट हो) नहीं कहा जाना यह दर्शाता है कि उनका दर्जा न्यून है। हिंदू धर्म में ईश्वर के दो प्रकार हैं : उच्च कोटि वाले जो स्वयंभू हैं और इसलिए स्थान और समय से परे, अमर और अनंत हैं, और न्यून स्तर के जो माता-पिता की पैदाइश हैं और इसलिए स्थान और समय के अंदर, मर्त्य और सीमित हैं। पुराणों में सभी वैदिक देवों -इंद्र, अग्नि, वायु, सूर्य- को कश्यप और अदिति की संतान बता कर माध्यमिक दर्जा दिया गया है। प्राथमिक दर्जा शिव व विष्णु को स्वयं प्रकट होने वाला दर्शा कर दिया गया है। विष्णु स्वेच्छा से राम का नश्वर रूप लेते हैं, इसलिए वे दोनों श्रेणियों में आवागमन करते हैं। हालाँकि हनुमान इतनी सफ़ाई से निचले दर्जे में फिट नहीं होते हैं। यह बात अपनी जगह है कि वो पृथ्वी पर जन्म लेते हैं, लेकिन

उन्हें चिरंजीवी भी बताया गया है। उनकी मृत्यु से जुड़ी कोई कहानी नहीं है।

महाभारत में, वायु अपना बीज कुंती के गर्भ में रखते हैं, परिणाम स्वरूप कुंती, वायु के पुत्र भीम की माँ बन जाती हैं। वायु ने अंजनी को चुना है, जबकि कुंती ने वायु को। कुंती ने मंत्र से वायु को बुलाया, लेकिन अंजनी ने वायु को बुलाया नहीं है। इससे भीम इच्छा की संतान हुए, जबकि हनुमान नियति की संतान होते हैं।

हनुमान और भीम दोनों वायु देव की संतान होने के कारण भाई हैं। हनुमान की तरह भीम भी बहुत ताक़तवर हैं। मगर भीम, हनुमान की तरह दिव्य नहीं हैं। भीम भले ही अपने बड़े भाई के भरोसेमंद दूत हों, लेकिन यह राम की सेवा करने जैसा नहीं है। क्योंकि अपने बड़े भाई की सेवा के समय वो अपने छोटे भाई होने का कर्तव्य निभाते हैं, यह वो अपने परिवार के लिए करते हैं। हनुमान किसी कर्तव्यवश नहीं, बल्कि स्वेच्छा और प्यार से राम की सेवा करते हैं। भीम, हनुमान के बराबर ताक़तवर तो हैं लेकिन उनमें हनुमान वाली मानवीयता नहीं है। एक तरफ़ जहाँ वानर जनित हो कर हनुमान, राम के दूत बन संतुष्ट हैं, वही दूसरी तरफ़ भीम को राजकुमारी जनित होने के कारण यह अपना हक़ लगता है।

हिंदू धर्म में, भाग्य हमारे शरीर और हमारे परिवार को तय करता है, यानी समाज में क्या भूमिका होगी यह इसी से तय होगा। हमारी इच्छा या तो किसी एक सामाजिक भूमिका को बदलना चाहती है या किसी एक सामाजिक भूमिका से चिपकना चाहती है। भाग्य राम को राजपरिवार का बड़ा बेटा बनाता है, इसलिए वो राजा की भूमिका निभाते हैं। हनुमान वानर हैं, वे राम की सेवा चुनते हैं, धन या सत्ता के लिए नहीं बल्कि ज्ञान के लिए - दिव्य क्षमता के एहसास की ख़ातिर। इसलिए वे सेवा तो करते हैं, लेकिन बग़ैर लालच। भीम न सिर्फ़ अपनी सामाजिक भूमिका निभाते हैं, बल्कि इसका उपयोग अपने आसपास की दुनिया पर हावी होने के लिए भी करते हैं, और अपने जन्म से निर्धारित हैसियत और ताक़त का फ़ायदा उठाते हैं। हनुमान किस तरह उन्हें अपने तरीक़ों को बदलना सिखाते हैं, उसकी कहानी सुनिए।

भीम अपनी राजसी अकड़ में हमेशा सीधा चलते थे और यह मानते थे कि पहाड़ों और वृक्षों समेत हर चीज़ उनके लिए रास्ता छोड़, एक किनारे

हो जाएगी। उनके रास्ते में बाधा डालने वाला उठा कर फेंक दिया जाता या पैरों तले कुचला जाता। एक दिन भीम को अपने रास्ते पर एक सोता हुआ वानर मिला। 'मैं इतना वृद्ध हूँ कि आपके रास्ते से नहीं हट सकता,' वानर ने कराहते हुए कहा। 'मेरी पूँछ को एक किनारे धकेल कर अपना रास्ता बना लो।' अब जब भीम ने बूढ़े वानर की पूँछ को पैर से धकेलना चाहा, उन्हें एहसास हुआ कि पूँछ इतनी भारी है कि अपनी पूरी शक्ति लगा देने पर भी उसे हिला तक नहीं सकते। भीम को एहसास हुआ यह कोई साधारण वानर नहीं है। जब हनुमान ने स्वयं को दिखाया, उन्होंने भीम को उनकी शारीरिक ताक़त और सामाजिक स्तर की निरर्थकता का एहसास दिलाते हुए अपना विराट स्वरूप दिखाया।

एक राजा अपनी शक्ति का प्रयोग प्रजा की सेवा के लिए इस तरह करता है कि ऐसा माहौल, ऐसा तंत्र विकसित हो, जिसमें प्रजा भूख और भय से ऊपर उठ सके। जब कोई राजा अपनी शक्ति का प्रयोग लोगों पर अधिकार जमाने के लिए करता है, तो यह पता चलता है कि राजा अपनी भूख और भय से ऊपर नहीं उठ पाया है; उसका राम होना अभी बाक़ी है। इसी तरह, राजा का प्रतिनिधि अपनी शक्ति का प्रयोग अपने स्वामी की सेवा करने में करता है। जब किसी राजा का प्रतिनिधि अपनी शक्ति का प्रयोग लोगों पर अधिकार जमाने के लिए करता है, तो यह पता चलता है कि वह अपनी भूख और भय से ऊपर नहीं उठ पाया है; उसका हनुमान होना अभी बाक़ी है।

चौपाई 3 : गरजता शरीर, चमकता दिमाग़

महाबीर
बिक्रम बजरंगी।
कुमति निवार
सुमति के संगी।।

सबसे वीर
बलशाली, वज्र शरीर वाले।

बुरे विचारों को दूर करने वाले
और सदैव अच्छे विचारों के साथ रहने वाले।

उनकी उत्पत्ति और दायित्व समझाने के बाद, यह छंद उन गुणों को दर्शाता है, जो हनुमान को पूजनीय बनाते हैं। भारत के अधिकतर गाँवों में एक वीर या हीरो, जो गाँव की रक्षा करता है, की पूजा होती है। हनुमान को यहाँ महा-वीर बताया गया है, जो दिमाग़ की भी रक्षा करता है। हनुमान न केवल राक्षसों और असुरों पर जीत हासिल करते हैं, वो नकारात्मक विचारों (कुमति) वाले मनोवैज्ञानिक राक्षसों से रक्षा भी करते हैं और सकारात्मक विचारों (सुमति) को हमारे अंदर पहुँचाते हैं।

नकारात्मक ऊर्जा को सकारात्मक ऊर्जा में और ज़हर को दवा में बदलने की शक्ति रखने वाले हनुमान जंगल और बस्ती के बीच की रेखा पर जानवर और मनुष्य की दुनिया के बीच खड़े होते हैं। यही कारण है कि मंदिरों में हनुमान को कई दफ़ा जंगल में उगने वाले ज़हरीले अर्क (मदार) की पत्तियाँ और फूल चढ़ाए जाते हैं। यह 'नकारात्मक' चढ़ावा उनके शरीर के स्पर्श से सकारात्मक हो जाता है।

हनुमान को विक्रम कहा जाना उनके एक ख़ास नायक होने की पुष्टि है। विक्रम का अर्थ वीर होता है और यह उज्जैन के महान राजा विक्रमादित्य का नाम भी है, जो अपने असीम ज्ञान के लिए जाने जाते हैं। *वेताल पचीसी* नाम से संस्कृत में एक कथा ग्रंथ है। उसमें पच्चीस ऐसी कहानियाँ हैं, जिनमें विक्रमादित्य को बहुत कठिन निर्णय लेने होते हैं। उनसे सवाल एक भूत या वेताल पूछता है। वेताल, जिससे सारे जीव डरते हैं, लेकिन उज्जैन का महान राजा नहीं डरता। हनुमान इसी महान राजा जैसे हैं। ताक़तवर इतने कि भूत का भी सामना कर लें और बुद्धिमान इतने कि जटिल से जटिल पहेली हल कर लें।

हनुमान को बजरंगी के रूप में भी बुलाया गया है। बजरंगी यानी वज्र+अंगी। इसका अर्थ हुआ, वज्र की तरह शक्तिशाली और कांतिमय। हिंदू पुराणों में वर्षा के देवता इंद्र का हथियार वज्र है, जिससे वह मानसून के काले बादलों पर बारिश की रिहाई के लिए वार करता है। इंद्र ने एक बार इस हथियार से हनुमान पर भी वार किया था और इससे घायल होने

चौपाई 3 : गरजता शरीर, चमकता दिमाग़

के बजाय हनुमान ने उसे अपने में समा कर अपनी शक्ति का हिस्सा बना लिया। इसलिए उन्हें वज्र-अंगी, यानी जिसका शरीर वज्र के समान शक्तिशाली हो, कहते हैं।

बौद्ध कथाओं में, वज्र बिजली चमकने और हीरे का संदर्भ देता है, जो विश्लेषण करने की तीक्ष्ण क्षमता का रूपक है। वज्रपाणि बुद्ध का एक रक्षक और एक भयानक देवता है, जो अज्ञानी को मारता है और बुद्धिमान को तीक्ष्ण तार्किक क्षमताएँ देता है। उन्हें हाथ में वज्र थामे बहुत कुछ वैसे ही जैसे हनुमान गदा थामे राक्षसों का दमन करते हैं, बुद्ध के शत्रुओं का दमन करते दिखाते हैं- दोनों देवों के मूल में समानता का बोध देते हुए।

तीन हज़ार वर्ष पहले, दुनियादारी पर आधारित वैदिक हिंदू धर्म का विशाल फैलाव था, लेकिन विरक्ति पर ज़ोर देने वाले बौद्ध धर्म ने दो हज़ार साल पहले इसके प्रभाव को कम कर दिया। हिंदू व बौद्ध, दोनों ही धर्मों ने अपने प्रसार को बढ़ाने के लिए लोक मान्यताओं से घुले-मिले और प्रासंगिक बने रहने के लिए आपस में विचारों का आदान-प्रदान किया। नतीजतन दोनों

में बदलाव आए- वैदिक हिंदू धर्म पौराणिक हिंदू धर्म बन गया और बौद्ध धर्म दो शाखाओं में बँट गया, एक थेरवाद बौद्ध धर्म और दूसरा महायान बौद्ध धर्म। वैदिक हिंदू धर्म में वज्र चलाने वाले इंद्र की पूजा होती थी, जिनको पौराणिक परंपरा में विष्णु अंगीकार कर लेते हैं। थेरवाद के ऐतिहासिक गुरु शाक्यमुनि बुद्ध की जगह महायान में बोधिसत्व के रूप में पौराणिक रक्षक आ जाते हैं। इस्लाम के भारत आने पर बौद्ध धर्म मुख्य धारा से कट गया, लेकिन अनेक बौद्ध अवधारणाएँ और प्रतीक बच गए और मुख्य धारा का हिस्सा बन गए। हनुमान में बौद्ध धर्म से जुड़े कई सिद्धांत नज़र आते हैं - बुद्ध की तरह वे भी कोई इच्छा नहीं रखते, लेकिन इसके बावजूद बोधिसत्व की तरह लोगों की परेशानियों को दूर कर सहायता करते हैं, और उनकी छवि बौद्ध धर्म के रक्षक-भगवान वज्रपाणि की झलक देती है।

ऐसी धारणा है कि बौद्ध धर्म के पहले, यहाँ तक कि वैदिक-काल के पहले भी गाँव के सीमारक्षक योद्धाओं द्वारा दुश्मनों और जंगली जानवरों का ख़ून ग्राम-देवता को अर्पित किया जाता था। लाल वीरता और उर्वरता का रंग बन गया। बाद में जब अहिंसा के सिद्धांत ने जगह बनाई, तब ख़ून की जगह उसका प्रतीक सिंदूर आ गया। कुछ और समय के बाद लाल रंग की जगह ब्रह्मचर्य और संयम को दिखाता, अनुभूति देने वाली सभी चीज़ों को नकारता भगवा रंग आ गया। सबसे पहले, बौद्ध भिक्षुओं ने ख़ुद को आम लोगों से अलग दिखाने के लिए भगवा, गेरुआ, मैरून और लाल रंग के वस्त्र पहनना शुरू किया, लेकिन अंततः हिंदू पुजारियों ने भी इन रंगों का उपयोग शुरू किया और अब भगवा हिंदुत्व की राजनीति का पसंदीदा रंग बन गया है। बहुधा हनुमान के नारंगी-लाल शरीर पर उनके वज्र-समान शरीर को दिखाता, चांदी और सोने का वरक चढ़ाया जाता है।

चौपाई 4 : दर्शन

कंचन बरन
बिराज सुबेसा।
कानन कुण्डल
कुंचित केसा।।

सोने का शरीर
सजधज के बैठे।
कानों में छल्ला
घुँघराले बाल।

पिछले छंद में जहाँ हनुमान की शक्तियों की बात कही गई, इस छंद में यह कि वे दिखते कैसे हैं : उनका सुनहरा रंग, घुंघराले बाल, अच्छे कपड़े और उनके कानों का बुंदा भी।

सुनहरे रंग का होना हमें याद दिलाता है कि हनुमान सुनहरे बालों वाले वानर हैं। लेकिन कान का बुंदा और घुँघराले बाल उनकी मानव जाति को दर्शाते हैं, क्योंकि गहना मानव ही पहनता है और मानव के सिर पर ही बाल होते हैं।

कुछ कहानियों में हनुमान कानों के बुंदों के साथ पैदा हुए हैं। कहानी ऐसे है कि वानरों के राजा बाली ने सुना था कि केसरी की पत्नी अंजनी गर्भवती हैं और गर्भ में जो बच्चा है, वह उससे भी अधिक बलवान होगा। इसलिए उसने उस बच्चे को मारने ले लिए एक प्रक्षेपास्त्र फेंका। लेकिन वायु ने हनुमान को घायल होने से बचाते हुए उस प्रक्षेपास्त्र को उनके बुंदों में बदल दिया, जो बाली और इस तरह इंद्र के हारने की निशानी बन गया।

हिंदू धर्म में कान के बुंदों का विशेष महत्त्व है। कर्णवेध संस्कार में कान में इसलिए छेद किया जाता है कि शरीर के अंदर से सूरज की रोशनी के गुजरने के लिए मार्ग बन सके और शरीर शुद्ध हो। आदमी और औरत दोनों द्वारा बुंदे पहनने की परंपरा रही है। विष्णु अपने मकर आकृति के बुंदों

और शिव साँप की आकृति के बुंदों के लिए जाने जाते हैं। हनुमान के बुंदे उन्हें नाथ-योगी, कनफड़ा संप्रदाय के आक्रामक योद्धा-साधुओं से जोड़ते हैं, जिनके कानों को फाड़ कर उनमें गैंडे की सींग के खास बुंदे पहनाए जाते हैं। इनके गुरुओं, मत्स्येंद्रनाथ और गोरखनाथ ने हनुमान से कुश्ती लड़ कर उनका आशीर्वाद पाया था।

हनुमान को सजा-धजा बताया गया है। लोककथाओं में उन्हें वज्र या हीरे (वज्र कौपीन) की बनी मजबूत लँगोट पहने पैदा हुआ बताया गया है, जो उनके ब्रह्मचर्य की और धूनी की राख लपेटे त्रिशूलधारी, योद्धा-साधु संप्रदाय से उनके संबंध की पुष्टि करता है। योद्धा-साधु संप्रदाय से यह संबंध बस कोई एक हज़ार साल पुराना है, जब एक तरफ़ नाथ संप्रदाय के तांत्रिक योगियों (जैसे मत्स्येंद्रनाथ) और दूसरी तरफ़ शंकराचार्य जैसे वेदांतिक आचार्यों द्वारा हिंदू मठों का संस्थानीकरण किया गया।

छंद में इस बात का होना कि हनुमान कैसे दिखते हैं और उनका पहनावा क्या है, यह प्रदर्शित करता है कि हम उन्हें देख रहे हैं। यह दर्शन करना है, हिंदू धर्म का अभिन्न अनुष्ठान। किसी मंदिर के अंदर जाने का

कारण ही यह होता है कि हम देवता को देख सकें और देवता के द्वारा हम देखे जा सकें, और जिसकी हमेशा ही बड़ी और सुडौल दिखती आँखें आगंतुक को दूर से ही मोहित कर लेती हैं। भक्त, देवता की सुंदरता का वर्णन करता है और उम्मीद करता है कि देवता इसका फल देंगे और भक्त की ज़रूरतों और माँगों को समझने के साथ उसकी वो इच्छाएँ पूरी करेंगे, जिनके लायक़ वह है।

एक ईसाई चर्च, एक मुस्लिम मस्जिद, एक बौद्ध मठ या एक सिख गुरुद्वारा ऐसी जगहें बनाई गई हैं, जहाँ एक समुदाय के लोग एक साथ आ सकें और ध्यान दे सकें एक समान लक्ष्य पर - जैसी स्थिति हो, पापों को क़ुबूलना, समर्पण की पुष्टि करना, इच्छाओं और भ्रम को समझना और संतों के गीतों से सीख लेना। लेकिन एक हिंदू मंदिर देवता का घर होता है। हम उन्हें देखने और उनके द्वारा देखे जाने के लिए जाते हैं, ठीक किसी रिश्तेदार या दोस्त के घर जाने जैसा या राजा के दरबार में अर्जी ले कर जाने जैसा।

किसी देवता का आह्वान और आदर-सत्कार करना और उसके बाद उससे अपनी भौतिक माँगों को पूरा करने को कहने के इस तरीक़े से ही प्राचीन वैदिक परंपरा, यज्ञ का प्रादुर्भाव हुआ। और इसी से आगे चलकर मंदिर में पूजा का प्रादुर्भाव होता है। दर्शन का महत्त्व पूजा और यज्ञ में अंतर दिखाता है। 'दर्शन' के दो अर्थ होते हैं : देखना साथ ही साथ विश्व-दृष्टि (दर्शनशास्त्र) और दृष्टि साथ ही साथ अंतर्दृष्टि। दर्शन यानी - एक ही समय में करना व सोचना, कार्यवाही और अंतर्दर्शन। यह बौद्ध धर्म के पूरी तरह बौद्धिक दृष्टिकोण, जिसमें ध्यान को अधिक महत्ता दी जाती है और आँखें मूँद ली जाती हैं, का तोड़ प्रस्तुत करना चाहता है। यह उन लोगों तक भी पहुँचना चाहता है जो आत्मदर्शन की इच्छा नहीं रखते। बौद्ध धर्म में देवता महज़ ध्यान को बेहतर बनाने का ज़रिया हैं, जबकि हिंदू देवताओं के भव्य रूप हैं, जिनकी मंत्रों और पूजा-पाठ से आवेशित छवियाँ भक्तों की प्रार्थना का जवाब देने में सक्षम हैं। देवता और भक्त, स्वयं और दूसरे के बीच के संबंधों की महत्ता को दर्शन स्वीकारता है, जबकि बौद्ध धर्म (और हिंदू मठ भी) का प्रादुर्भाव अलगाव और व्यक्तिवाद से होता है।

हम देवता को क्या प्रसाद चढ़ा रहे है, इससे हम उसके दर्शन हुए सिद्ध कर लेते हैं। क्योंकि हर देवता अपने में अलग है, इसलिए उसे अर्पण

की जाने वाली चीज़ भी अलग-अलग होगी। विष्णु को तुलसी के पत्ते और शिव को बेलपत्र। हनुमान को चढ़ाई जाने वाली अधिकतर चीज़ें कुश्तीबाज़ों और पहलवानों के पसंद वाली हैं, मसलन- तिल का तेल, राई का तेल और उड़द, जिनसे शरीर की मांसपेशियाँ बनती हैं और जिन्हें पारंपरिक रूप से 'गर्म' तासीर -शरीर में ऊर्जा भरने वाला- माना जाता है।

चौपाई 5 : शूरवीर, सेवक और संत

हाथ बज्र
औ ध्वजा बिराजै।
काँधे मूंज
जनेउ साजै।।

हाथ में एक वज्रास्त्र
और एक ध्वज लिया हुआ है।
और मूंज का जनेऊ सजा है
कंधे पर।

पिछले छंद में यह बताया गया कि हनुमान किस रूप में पैदा हुए- उनका रंगरूप, उनके बाल, और उनके बुंदे भी। यह छंद इस बात पर केंद्रित है कि हनुमान के हाथों में क्या है और उन्होंने शरीर पर क्या धारण किया है : एक गदा, एक ध्वज और एक कंधे पर मूंज घास से बना पवित्र जनेऊ। ये वो यंत्र हैं जिनसे हम हनुमान के स्वरूप को सजाते हैं और उनके बारे में अपनी समझ में सुधार लाते हैं।

अमूमन गदा कहा जाने वाले शस्त्र (मुग्दर) को यहाँ वज्र कहा गया है, वज्रास्त्र इंद्र का हथियार है। वेदों में इंद्र सबसे बड़े भगवान है, जो वृत्र जैसे राक्षसों से युद्ध करते हैं और बादलों के क़ब्ज़े से पानी को मुक्त करते हैं। वे राजाओं के रक्षक हैं। फिर भी उनकी ज़िम्मेवारियों को पुराण में कम कर दिया गया है। इंद्र स्वर्ग के राजा हैं, देवताओं के प्रमुख हैं, सितारों में रहते

चौपाई 5 : शूरवीर, सेवक, और संत

हैं और सारी सुख-सुविधाएँ भोगते हैं, लेकिन ज्ञान की कमी है। स्वर्ग पर असुरों के ख़तरनाक आक्रमण से लड़ने के लिए इंद्र को विष्णु की सहायता चाहिए होती है। उनकी पदवी में आया बदलाव यह दिखाता है कि किस तरह, पुराने अधिक भौतिकवादी वैदिक पथ में बदलाव आया और बाद के वैदिक (उपनिषद) पथ में धन और शक्ति से अधिक मूल्य मस्तिष्क (समझ) को दिया गया।

पुराणों में हर देवता का अपना एक ध्वज होता है- विष्णु के ध्वज में गरुड़ बना है, जिसे गरुड़ध्वज कहते हैं। शिव का एक ध्वज है, जिसमें बैल का चित्र बना होता है, जिसे वृषभ-ध्वज कहते है - लेकिन राम के दूत और उनकी सेना के प्रमुख होने का दायित्व उठाते हुए हनुमान का ध्वज राम का ध्वज है। हनुमान के हाथों में इंद्र का अस्त्र और राम का ध्वज, दोनों का होना यह दिखाता है कि उनकी पदवी पहले के वैदिक देवराज इंद्र से बड़ी है, लेकिन वे बाद के पौराणिक पृथ्वी पर अवतरित भगवान राजा राम की सेवा कर रहे हैं।

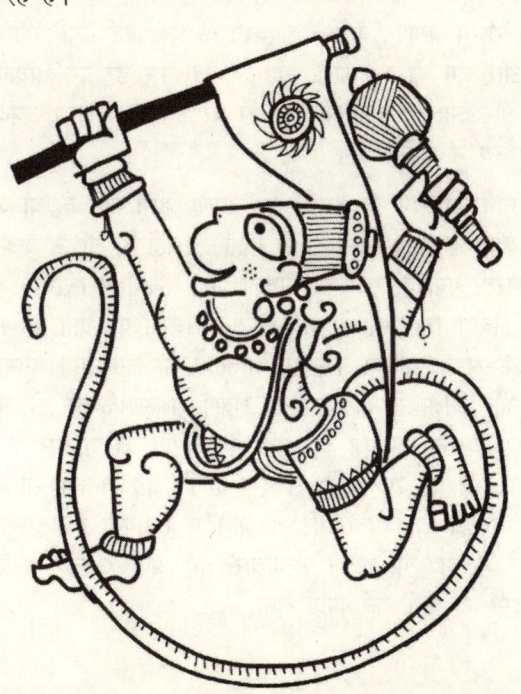

हनुमान का जनेऊ उन्हें द्विज यानी दो बार जन्मा सिद्ध करता है। हिंदुओं का मानना है कि हमारे दो जन्म होते हैं : पहले शारीरिक जन्म होता है और फिर मनोवैज्ञानिक जन्म होता है। शारीरिक, जब हम माँ की कोख से मानव संस्कृति में जन्म लेते हैं। हमारी नाभि हमें माता के गर्भ में अपने अस्तित्व की याद दिलाती है। हिंदू संस्कृति में कानों का छिदा होना मानव संस्कृति को दर्शाता है, वैसे ही जैसे अन्य संस्कृतियों में गोदने या दाँत भरने की प्रथा होती है।

हमारा मनोवैज्ञानिक जन्म तब होता है, जब हम किसी को गुरु मानते हैं, जो हमें वेदों के राज़ बताता है। मनोवैज्ञानिक जन्म का निशान मूंज घास से बना पवित्र धागा जनेऊ है, जो बाएँ कंधे पर लटका होता है। जनेऊ में तीन धागे होते हैं, जो हिंदू धर्म के सर्वोच्च त्रिदेव- ब्रह्मा, विष्णु और शक्ति को इंगित करते हैं। धागा हमें यह याद भी दिलाता है कि जानवरों का केवल एक ही शरीर (भौतिक) है, लेकिन मनुष्य के तीन (शारीरिक, मनोवैज्ञानिक और सामाजिक)। हनुमान को वैदिक ज्ञान सूर्यदेव से मिला, जिन्होंने याज्ञवल्क्य को भी वैदिक रहस्य बताए। ऋषि याज्ञवल्क्य के शब्द कई उपनिषदों में शामिल हैं। कर्म और धर्म की जानकारी, अहम् (भूख और डर पर आधारित हमारी पहचान) और आत्मा (भूख और डर से परे हमारी पहचान) आदि का ज्ञान वेदों के रहस्य में शामिल है।

हनुमान को राम का दास और जंगली प्राणी होने के बावजूद जनेऊ का दिया जाना वाल्मीकि रामायण में रेखांकित नहीं है, लेकिन बाद के लेखन में यह उभरता गया है, ख़ासकर पिछली पाँच सदियों में स्थानीय भाषाओं में लिखे गए क्षेत्रीय रामायणों में, जब जातिवाद चरम पर था। यह सवाल उठ रहा था कि सच्चा ब्राह्मण कर्म से बनता है या जन्म से। हनुमान अपनी कोशिशों और शिक्षा से ब्राह्मण बने। रावण राक्षसी कैकसी से शादी करने वाले ब्राह्मण विश्रवा का पुत्र था। वेदों ने हनुमान को जानवर से इंसान में बदल दिया, उसे वह ज्ञान और संवेदना दी कि वह बिना किसी लालच के, किसी को उसकी खोई पत्नी को तलाशने में सहायता दे। इसके विपरीत, मनुष्य होने के बाद भी रावण अत्याचारी बन अपने आनंद के लिए किसी दूसरे आदमी की पत्नी को पकड़ लेता है।

हनुमान के हाथ में अस्त्र का होना उन्हें क्षत्रिय बनाता है। और राम का ध्वज हाथ में होना सेवक (दास, क्षुद्र)। और सीने पर जनेऊ का होना उन्हें ब्राह्मण, जिसे वेदों का ज्ञान हो, सिद्ध करता है। यानी वैदिक समाज (वर्ण) के उच्चतम और निम्नतम पड़ाव हनुमान, यानी जंगल के प्राणी में समाहित हैं।

चौपाई 6 : रूद्र का ग्यारहवाँ अवतार

संकर सुवन
केसरीनंदन।
तेज प्रताप
महा जग बंदन।।

शंकर (शिव) के अवतार
केसरी के पुत्र।
आपकी महिमा
समूचा संसार पूजता है।

यह छंद हनुमान का संबंध, शंकर, यानी शिव के दूसरे नाम से जोड़ता है। आज अनेक भक्तों के लिए हनुमान, शिव का रूप हैं। अलग-अलग स्थान पर उन्हें शिव का पुत्र, शिव का अवतार, शिव का ग्यारहवाँ रुद्र रूप बताया गया है।

इस संबंध को क़रीब 1500 वर्ष पहले बताया गया है, जब पौराणिक हिंदू धर्म दो विचारधाराओं में बँटता है; वैष्णव जिन्होंने विष्णु को परमेश्वर माना और शैव जिन्होंने शिव को परमेश्वर माना।

रामायण के लोकप्रिय होने पर विष्णु-पूजकों ने राम को शिव के भक्त रावण को मारने वाले विष्णु के अवतार के रूप में देखा। इसने रामायण को विष्णु और शिव के बीच प्रतिद्वंद्विता की कहानी में बदल दिया। इसका मुक़ाबला करने के लिए शिव-पूजकों ने हनुमान को शिव का रूप बताते हुए हनुमान के ब्रह्मचारी, संयमी, संतुष्ट होने को इंगित किया और उनके कपूर की तरह उज्ज्वल (कर्पूर गौरं) होने को शिव होने की पहचान बताया।

कुछ कहानियों में हनुमान की उत्पत्ति को बताते हुए कहा गया है कि शिव ने जब विष्णु के मोहिनी रूप, या पार्वती को देखा तो शिव को बेतहाशा पसीना आने लगा। वायु ने इस पसीने को इकट्ठा किया और उसे वानरी अंजनी के कान में उड़ेल दिया, जिसने हनुमान को जन्म दिया। अंजना के पति, केसरी ने हनुमान को अपने पुत्र की तरह ही पाला और इसलिए उन्हें अंजनी पुत्र भी कहते हैं। यानी मानव पिता (केसरी) और वैदिक पिता (वायु) के साथ-साथ हनुमान के एक पौराणिक पिता (शिव) भी हैं। मानव माँ (अंजनी) के साथ उनकी देव माँ (शक्ति) भी हैं।

शैव मतानुसार, शिव के परमभक्त रावण को मारने के लिए स्वयं शिव ही हनुमान बन अवतरित हुए। उनके अनुसार, अपने दस सिर शिव को देने की कह रावण ने जो वरदान प्राप्त किए थे, उनसे वह बहुत शक्तिशाली हो गया था। लेकिन रुद्र शिव के ग्यारह रूप हैं। रावण के दस सर शिव के दस रुद्र रूपों को संतुष्ट करते हैं। रावण को ख़त्म करने के लिए शिव का ग्यारहवाँ नाराज़ रुद्र रूप हनुमान बन पैदा होता है। इसलिए हनुमान को रुद्राय भी कहते हैं। महाराष्ट्र में सत्रहवीं सदी में संत रामदास ने ग्यारह मारुति मंदिरों की स्थापना की, ताकि शिव के ग्यारहवें रुद्र रूप से हनुमान का संबंध हमें याद रहे।

अपनी श्रेष्ठता स्थापित करने के लिए वैष्णवों ने कहा कि हनुमान, यानी शिव ने विष्णु के आदेशों का पालन किया। इसके जवाब में शैव कहते हैं कि राम, हनुमान की सहायता के बिना सीता को कभी नहीं ढूँढ़ पाते। रामायण के कई पुनर्पाठों में रावण का मारा जाना हनुमान ने ही संभव किया था। मसलन, एक तेलुगु पुनर्पाठ में कहा गया है कि यह जानते हुए भी कि रावण का जीवन उसकी नाभि में है, राम ने उसके सिर पर ही वार किया, क्योंकि सिर के नीचे वार करना योद्धा राम के लिए शर्म की बात थी। तब हनुमान का हवा को खींच कर अपने सीने में भर लेना राम के बाण की दिशा को बदल देता है और वह रावण की नाभि में जा लगता है।

विभिन्न हिंदू संन्यासी विचारधाराओं का हनुमान से जुड़ा होना हनुमान के शिव और उनके ब्रह्मचर्य से संबंध को और पुख़्ता करता है। इनमें 1000 वर्ष पूर्व मत्स्येंद्रनाथ के मार्ग को मानने वाले नाथ-योगी से लेकर 700 वर्ष पहले बने माधवाचार्य के मठ और 400 वर्ष पूर्व मराठा शक्ति के उत्थान

चौपाई 6 : रुद्र का ग्यारहवाँ अवतार

कारक संत रामदास तक शामिल हैं। बाद के संतों ने, ख़ासकर भक्तिकाल में ब्रह्मचर्य को सेवा से जोड़ा; आप अपनी सांसारिक महत्त्वाकांक्षाओं का त्याग कीजिए और दूसरों की सांसारिक उम्मीदों को पूरा करने की सेवा कीजिए। जिस तरह योगी शिव मानवता के भले की ख़ातिर गृहस्थ शंकर बने, इन संतों ने बताया कि कैसे संन्यासी हनुमान समाज के लाभ के लिए राम के दास बन गए।

एक समय ऐसा था, जब औरतों को हनुमान की पूजा नहीं करने दी जाती थी। ऐसा कई जगह लिखा है कि हनुमान सिर्फ़ अपने तेज से उन्हें गर्भवती बना सकते थे। नाथयोगियों की कहानियों से उन रानियों के बारे में पता चलता है, जो हनुमान के महज गीत सुनने से गर्भवती हो गईं, मछली जो हनुमान का पसीना लीलने से गर्भवती हो गई, यानी हनुमान की आवाज़ और पसीने में भी उनका तेज समाहित है। सदियाँ बीतती रहीं और हनुमान का परा-पौरुष कुछ कम हुआ। जैसे शक्ति द्वारा शिव को गृहस्थ बनाया गया, वैसे ही हनुमान का कोमल पक्ष सीता द्वारा उजागर होता है। क्योंकि शक्ति के बिना शिव हो ही नहीं सकते, बहुतों का कहना है कि शक्ति ने हनुमान की पूँछ का रूप धारण किया और सदैव उनके साथ रहीं। इसलिए, आज औरतें भी अपनी समस्याओं के हल के लिए हनुमान को पूजती हैं।

चौपाई 7 : चतुर और चिंताशील

बिद्यावान गुनी
अति चातुर।
राम काज
करिबे को आतुर।।

शिक्षित, गुणी और
चतुर।
राम का कार्य
करने को हमेशा उत्सुक।

चालीसा के पहले ही छंद में हनुमान को ज्ञान और गुण का सागर बताया गया है। यह छंद उनके ज्ञानी और गुणी होने को और पुख़्ता करता है। और साथ ही उनके चतुर भी होने की बात जोड़ता है। इस तरह एक-दूसरे की पूरक विशेषताओं को लिखना ठेठ भारतीय तरीक़ा है। जैसे एक मसाले से रसेदार भाजी नहीं बनती और जैसे एक बढ़िया रसेदार भाजी चतुराई से मिलाए गए कई मसालों का मिश्रण होती है, वैसे ही एक अच्छा इनसान भी कई विशेषताओं के मिलने से बनता है।

प्रकृति के बारे में हम कई दफ़ा कहते हैं कि कमज़ोर को ताक़तवर दबा देता है। लेकिन प्रकृति कमज़ोर के साथ भेदभाव नहीं करती। शारीरिक दुर्बलता की कमी बराबर किए जाने के लिए उन्हें चतुराई दी जाती है। शक्ति और चतुराई भोजन और सुरक्षा पाने के, जीवित रहने और फलने-फूलने के औज़ार हैं। हनुमान ताक़तवर और चतुर हैं, यानी पशुओं के सबसे-अच्छे गुणों के मालिक। उनका ज्ञान और सद्गुण उन्हें मानव और दिव्य बनाते हैं।

यह छंद हमें बता रहा है कि पढ़ा-लिखा इंसान चतुर नहीं है और चतुर इंसान पढ़ा-लिखा नहीं है। और एक पढ़ा-लिखा चतुर ख़तरनाक है, यदि उसमें सद्गुण नहीं हैं। गुणी कौन है, सद्गुण क्या हैं? अपनी भूख और डर से परे देखने और दूसरे की भूख और दर्द की चिंता की शक्ति। जैसा व्यवहार हनुमान, राम और सीता से पहली बार मिलने पर करते हैं, वह उनकी समझदारी, उनकी चतुराई और उनके सद्गुण दिखाता है।

चौपाई 7 : चतुर और चिंताशील

जब वो राम और लक्ष्मण को जंगल में भटकते, कुछ ढूँढ़ते देखते हैं, तब उन्हें एहसास होता है कि इन्हें वानर-राजा सुग्रीव से मिलाना ठीक होगा। वे एक ब्राह्मण का वेश धर कर राम के पास जाते हैं और देवों की भाषा, शुद्ध संस्कृत में बात करते हैं। इससे पता चलता है कि उन्हें वेदों का ज्ञान है। इस तरह सीता के अपहरण से बुरी तरह परेशान और चौकन्ने राम का भरोसा वे पाते हैं।

बाद में जब उन्हें लंका में सीता से मिलना होता है, तो वो सोचते हैं कि क्या उन्हें उनसे भी संस्कृत में बात करें। क्योंकि रावण को उन्होंने संस्कृत में बात करते देखा था, इसलिए उन्हें डर था कि सीता उन्हें ढोंगी समझ सकती हैं। इसलिए वह उनसे आम लोगों की भाषा, पाली जिसमें संस्कृत की तरह व्याकरण आदि की जटिलता नहीं होती, में बात करते हैं।

दोनों ही परिस्थितियों में हनुमान न तो कोई दिखावा कर रहे हैं और न ही डराने की कोई कोशिश। वे दूसरों के प्रति अपनी चिंता के कारण ऐसा करते हैं। वह दूसरे के कारण चिंतित नहीं हैं, वे दूसरे की चिंता समझ सकते हैं।

वे इतने चतुर हैं कि अंदाज़ा लगा सकें कि तनाव में लोग कैसा व्यवहार करते हैं : कैसे लोग किसी अजनबी को देख कर चौंक जाते हैं और बुरा ही सोचते हैं। परिस्थितियों के हिसाब से अपने को ढाल लेने की क्षमता और राम व सीता, दोनों का विश्वास और भरोसा अपनी भाषा के कारण जीतना, लोगों और विषय के प्रति उनकी संवेदनशीलता, उनका वाक-चातुर्य, और सबसे महत्त्वपूर्ण, उनकी सहानुभूति उजागर करती है।

चौपाई 8 : दूसरों की कहानियाँ

प्रभु चरित्र
सुनिबे को रसिया।
राम लखन
सीता मन बसिया।।

राम की कहानियाँ
सुनना आपको पसंद है।
राम लक्ष्मण
सीता भी आपके हृदय में रहते हैं।

अपने दिमाग़ को विस्तार देने और अपने भीतर की दैवीयता की खोज के लिए हिंदुओं द्वारा देवों की कथाओं को सुनना शामिल है। पौराणिक कथाएँ वैदिक ज्ञान (आत्मज्ञान) का पिटारा हैं। कथाएँ अलग-अलग तरह की हैं : इतिहास, पुराण, महाकाव्य, आख्यान, माहात्म्य, चरित्र, गीत, चंपू। यह छंद हमें जानकारी देता है कि राम की कहानियाँ सुनकर हनुमान स्वयं को तरोताज़ा रखते हैं।

जहाँ कहीं भी राम कथा का पाठ हो रहा होता है, वहाँ बैठने की एक जगह ख़ाली छोड़े जाने की प्रथा है। हनुमान, राम की कहानियों के सौंदर्य-रस का आनंद उठाने वाले रसिक हैं। सौंदर्य के हिंदू-मानक के हिसाब से एक अच्छी कहानी अच्छे पकवान की तरह है। इसमें अलग-अलग स्वादों का होना

चौपाई 8 : दूसरों की कहानियाँ

ज़रूरी है, जो समझ में हलचल और भावनाओं उफान ला सके। क्योंकि तभी वह ऐसे विचारों को पैदा होने देगी, जिनसे दिमाग़ का विस्तार हो।

लोककथाओं में हनुमान अपनी माँ से राम की कहानियाँ सुनते हुए बड़े होते बताए गए हैं। ऐसा कैसे संभव है? हनुमान उन घटनाओं की कहानी कैसे सुन सकते हैं, जिनमें वे स्वयं मौजूद हैं? संसार को देखने की हिंदू दृष्टि में संसार पुनर्जन्म और पुनर्मृत्यु के चक्र से गुज़रता है। जीवों की तरह, इसके हर जीवनकाल (कल्प) के चार चरण होते हैं : बचपन, यौवन, वयस्क और वृद्ध। यही चार युग हैं : कृत, त्रेता, द्वापर और कलि। क्योंकि संसार अनंत कालचक्रों से गुज़रा है, और हर कल्प में एक रामायण है, हर एक को, हर युग में राम की कथा पता है। हनुमान को अंजना पहले के किसी कल्प की कहानी सुनाती हैं।

राम की कहानी सुनकर हनुमान इतने उत्तेजित होते हैं कि उनकी राम से मिलने की इच्छा होती है। और इसलिए वे अयोध्या जाते हैं, जहाँ उन्हें पता चलता है कि राम, वहाँ के राजकुमार, एक पालतू पशु की लालसा में हैं। हनुमान अपने को सैनिकों के द्वारा पकड़ लिए जाने देते हैं, जो उन्हें राजकुमार को उपहार में देते हैं। इस तरह हनुमान राम के पालतू वानर बन जाते हैं और अपना बचपन राम के साथी बन बिताते हैं। मतलब यह कि सुनाई जाने वाली कई स्थानीय कहानियों में संस्कृत और अन्य भाषाओं से इतर, हनुमान सिर्फ़ सीता के अपहरण के समय ही नहीं बल्कि ताउम्र राम के साथ होते हैं।

वाल्मीकि रामायण में, जब राम पहली दफ़ा सुग्रीव से मिलते हैं, दोनों अपनी कहानियाँ सुनाते हैं। राम ख़ुद पर गुज़र रही व्यथा कि किस तरह रावण उनकी पत्नी को ले गया है, सुनाते हैं। सुग्रीव ख़ुद पर गुज़र रही व्यथा कि किस तरह बाली ने उनका राज्य हड़प लिया, सुनाते हैं। हनुमान को यह समझ में आता है कि राम की कहानी में सुग्रीव की समस्या का एक समाधान है और सुग्रीव की कहानी में राम की समस्या का एक समाधान है। अगर राम, सुग्रीव को उनका राज्य वापस दिलाने में सहायता करेंगे, तो सुग्रीव, राम को उनकी पत्नी को तलाशने में सहायता करेंगे। एक-दूसरे की कहानियाँ सुनने से आपसी फ़ायदों का पता चलता है। अगर कहानियाँ नहीं साझा की गई होतीं, तब न तो समस्या समझ आती और न ही उसका कोई हल ढूँढ़ा जा सका होता।

औरों को देखना उनकी कहानी सुनना है। सृष्टि के सभी जीवों के निर्माता ब्रह्मा और उसके बच्चे, जैसे कि इंद्र की पूजा नहीं की जाती, क्योंकि उन्हें औरों की कहानी से कोई मतलब नहीं है। उन्हें अपनी से ही फ़ुर्सत नहीं है। खीझ में शिव ने ही ब्रह्मा का सिर धड़ से अलग किया था, यही कारण है कि शिव को कापालिक कहते हैं। शिव ने शक्ति से कहानी कहने के महत्त्व को सीखा है। वो दोनों अपने संबंध का निर्माण एक-दूसरे को कहानियाँ सुनाते हुए करते हैं, कहानियाँ जो चिड़ियों और मछलियों द्वारा भी सुन ली जाती हैं और बाक़ी संसार तक पहुँचती हैं।

विष्णु, ब्रह्मा के बच्चों की कहानियाँ सुनते हैं और उन्हें आस-पास के लोगों की कहानियों को सुनने के लिए समझाते हैं। लेकिन पारस्परिकता, दूसरे की कहानी से जुड़ पाना आसान नहीं है। सुग्रीव की कहानी को सुनने से राम न सिर्फ़ उसकी परेशानी को, बल्कि उसके व्यक्तित्व को भी समझ पाते हैं। उन्हें एहसास होता है कि सुग्रीव उन्हें साथी तो समझ रहे हैं, लेकिन उन्हें शंकाएँ हैं। इसलिए राम सात पेड़ों को वेधता हुआ एक तीर चलाते हैं और सुग्रीव का भरोसा तथा आदर, दोनों पा लेते हैं। राम को यह एहसास भी हो जाता है कि अपना राज्य वापस मिलने के बाद सुग्रीव यह भूल जाएगा कि उसे बदले में क्या करना है। इसलिए नहीं कि वह धोखेबाज़ है, बल्कि इसलिए क्योंकि वह दूसरों से क्या चाहता है, इस सोच में इतना डूबा होता है कि वह देख ही नहीं पाता कि दूसरा उससे क्या चाहता है। फिर भी, वे सुग्रीव को संदेह का लाभ देते हैं और बाली पर विजय पाने में उसकी मदद करते हैं।

जब सुग्रीव, राम की कहानी सुनते हैं, तो उन्हें एक परेशान राजकुमार नज़र आता है जो बाली के विरुद्ध लड़ाई में उनका साथी हो सकता है। वे राम को उनसे जुड़े मूल्यों से देखते हैं, इस नज़र से नहीं कि राम क्या हैं। इसके विपरीत राम की कहानी सुनने भर से ही हनुमान समझ जाते हैं कि राम कोई साधारण इनसान नहीं हैं। उनकी कहानी में पीड़ितों या खलनायकों या नायकों के होने के बजाय सिर्फ़ भूखे और डरे, न्याय चाहते इंसान हैं। हनुमान पहचान जाते हैं कि राम धर्म की, आत्मा की, उस दैवीय क्षमता का अवतार हैं, जिसका ज़िक्र सूर्य द्वारा उन्हें पढ़ाए गए वेदों में है।

हर बार राम की कहानी सुनने पर हनुमान को उनके दर्शन होते हैं। वे उसका हिस्सा होना चाहते हैं, चाहे क़िरदार कितना भी छोटा हो, क्योंकि उन्हें राम की कहानी का हिस्सा होने का विचार ही प्रसन्न किए देता है। एक दिन उन्होंने अपनी माँ को राम की कहानी सुनाई : कैसे वानरों ने लंका के लिए पुल बनाया, राक्षसों से युद्ध किया, रावण को मारा और सीता को राम से पुनः मिलवाया। अंजना ज़्यादा प्रभावित नहीं हुईं, क्योंकि उन्हें लगा कि उनका पुत्र अपनी क्षमतानुसार नहीं जी रहा है। 'तुम बजाय यह पुल बनाने और युद्ध लड़ने के, बस अपनी पूँछ की फटकार से राक्षसों को हरा कर सीता को छुड़ा सकते थे। ऐसा क्यों नहीं किया तुमने!' उन्होंने पूछा। हनुमान ने जवाब दिया, 'क्योंकि राम ने मुझसे यह करने को कहा नहीं।' हनुमान जानते थे कि यह राम की कहानी है, उनकी नहीं। वे राम की कहानी पर कोई नियंत्रण, सुधार या अपनी तरफ से कोई बदलाव नहीं करना चाहते थे। क्योंकि यह उनकी नहीं, राम की बात थी।

यह महत्त्वपूर्ण है कि रामायण को पहली दफ़ा सुनाने वाले स्वयं हनुमान हैं : वे सुग्रीव को राम के बारे में बताते हैं, वे लंका में सीता से मिलने पर उन्हें राम के साहस की कहानी सुनाते हैं और फिर ऐसा ही अयोध्या में भरत से मिलने पर करते हैं। बाद में, वे हनुमान नाटक के नाम वाली, राम की पहली आत्मकथा लिखते हैं, लेकिन फिर उसे नष्ट कर देते हैं ताकि वाल्मीकि को राम पर पहले महाकाव्य लिखने का श्रेय मिले। कहानियों में लक्ष्मण और सीता से राम के संबंध को गहराई से देखने पर हनुमान यह समझ पाते हैं कि किस तरह राम के भाई व राम की पत्नी उन्हें संपूर्ण करती हैं और किस तरह वे उन्हें संपूर्ण करते हैं। जब उन तीनों लोगों को हनुमान अपने दिल

में रखते हैं, तब दरअसल वे संबंधों की महत्ता को अपने दिल में रख रहे हैं : कि हम दूसरों के बग़ैर अधूरे हैं, कि हम दूसरों की बनाई गई प्रणाली का हिस्सा हैं। यही कारण है कि हिंदुओं के मंदिर में देवता को अकेला नहीं रखा जाता : देवता के साथ हमेशा उसकी पत्नी या पति या संतान या कोई साथी या कोई सेवक ज़रूर होता है। हनुमान को भी, जिनका कोई रिश्तेदार नहीं है, अकेला नहीं रखा जाता। हम जानते हैं कि उनके दिल में उनके स्वामी मौजूद हैं, जिनके साथ उनके भाई व पत्नी भी हैं।

आपसी संबंधों को दी जाने वाली यह महत्ता हिंदू कथाओं में बुनियादी है। दुनियाभर की अधिकांश पौराणिक कथाओं, विचारधाराओं और दर्शनों को मोटे तौर पर दो श्रेणियों में रखा जा सकता है : व्यक्तिवादी और समूहवादी। व्यक्तिवादी पौराणिकता समूह के ऊपर किसी एक को महत्त्व देती है। समूहवादी पौराणिकता एक के ऊपर समूह को महत्त्व देती है। उदाहरण के लिए, ग्रीक और ताओ व्यक्तिवादी हैं; अब्राहमिक और कन्फ़्यूशियन सामूहिकवादी हैं। वैसे हम चाहें तो शैव पुराणों को व्यक्तिवादी और वैष्णव पुराणों को सामूहिकवादी कह सकते हैं। हालाँकि यह बिल्कुल सटीक नहीं है। संबंधों के माध्यम से हिंदू पुराण को समझना सबसे अच्छा होता है : शक्ति से शिव का संबंध और लक्ष्मी से विष्णु का संबंध। एक और समूह के द्वैत के बजाय, हिंदू धर्म दो लोगों के बीच के संबंध पर ध्यान देता है। शिव दूसरों से स्वयं को अलग कर रहे होते हैं, विष्णु दूसरों से मिलजुल रहे होते हैं।

जब हम हनुमान की तरह ईश्वर की कहानियों का आनंद उठाते हैं, तब हम सच में ईश्वर देखते हैं और हनुमान की तरह अपने में उसकी उपस्थिति या अनुपस्थिति को समझ पाते हैं।

चौपाई 9 : परिस्थितियों में ढल जाना

सूक्ष्म रूप धरि
सियहिं दिखावा।
बिकट रूप धरि
लंक जरावा।।

*सीता से मिलने के लिए आपने बहुत छोटा और
मासूम रूप धारण किया।*

*आपने विशाल और डरावना रूप धारण किया
लंका दहन के लिए।*

हनुमान चालीसा के पहले चौथे हिस्से में हनुमान की उत्पत्ति, रूप और हुलिए, भूमिका और प्राथमिकताओं पर काफ़ी ज़ोर दिया गया है। हम उनकी माँ, उनके सांसारिक और दिव्य पिताओं की बात करते हैं, हम उनकी उपस्थिति और उनके प्रतीकों, उनके गुणों और क्षमताओं, राम की कहानियों के प्रति उनके प्रेम और राम की सेवा करने की उनकी इच्छा का वर्णन करते हैं।

इस छंद से हम उनकी कई उपलब्धियों का वर्णन कर रहे हैं : परिस्थितियों के अनुसार अपने शरीर को छोटा या बड़ा करने की उनकी शक्ति। डरी हुई सीता के सामने वे छोटे-से मासूम वानर बन कर जाते हैं। अभिमानी रावण के सामने वे विशाल डरावने जीव बन कर जाते हैं। इसलिए हनुमान कोई साधारण जीव नहीं हैं- वे एक रूप-परिवर्तक हैं, जिन्हें पता है कि लोग किस रूप को देख क्या व्यवहार करते हैं।

हिंदू धर्म में ईश्वर अपनी महिमा दिखाने के लिए सदैव भक्त-शिशु को छेड़ते, खेलते, अपनी लीला दिखाते रहते हैं। इसलिए ईश्वर स्वयं को फैला या सिकोड़ सकते हैं, अनंत विराट रूप धारण कर सकते हैं और जीव की भलाई के लिए अपना आकार और डील-डौल बदल सकते हैं। विष्णु, उदाहरण के लिए, मछली, वराह, साधु, राजा या ग्वाले के रूप में अवतरित होते हैं। दूसरों के भले के अनुसार अपने रूप को बदलने की क्षमता देवत्व की पहचान है, जो हनुमान में है।

हनुमान के जिन बदलते रूपों का इस छंद में वर्णन है, वह रामायण के सुंदर काण्ड नामक अध्याय से आता है। अध्याय का नाम सुंदर इसलिए ही है, क्योंकि वह उम्मीद जगाने वाला अध्याय है : हनुमान का शुक्रिया जिनकी वजह से सीता के राम से पुनर्मिलन की संभावना बनी। अध्याय का नाम इसलिए भी ऐसा है, क्योंकि वे यहीं, सीता के प्रति राम और राम के प्रति सीता के प्यार की कोमलता महसूस करते हैं। हनुमान, सीता को राम का संदेश देते हैं और राम का दुख उन्हें बताते हैं। और सीता, हनुमान के द्वारा राम के प्रति अपनी भावनाओं को भेजती हैं, जिनमें अंतरंग रहस्य भी साझा करती हैं कि जंगल में राम किस तरह थक जाने पर उनकी गोद में सिर रख कर आराम करते थे। हनुमान के नन्हे रूप को देख सीता सोचती हैं कि कैसे उन्होंने समुद्र फाँदा होगा। तब हनुमान उन्हें अपना विशाल रूप दिखा कर यक़ीन दिलाते हैं। हनुमान ख़ुद को रावण के सैनिकों द्वारा पकड़ लिए जाने देते हैं, ताकि उनकी मुलाक़ात राक्षस-राज से हो सके। हनुमान में इतनी समझ है कि वे जानते हैं, रावण जो अपने आप में ही बुरी तरह डूबा हुआ है और जो इतना डरा हुआ है कि उसे अपने आसपास के लोगों पर हर समय हावी होना पड़ता है, के साथ समझदारी से बात करने का कोई फ़ायदा नहीं होना है। अपने पाशविक व्यवहार को नहीं छोड़ पाने वाला रावण सिर्फ़ बल की भाषा समझता है। इसलिए जब हनुमान को रावण दूत

को दिया जाने वाला सम्मान और बैठने का स्थान देने से मना कर देता है, तब हनुमान अपनी पूँछ को घुमा-घुमा कर छल्ले के ऊपर छल्ला बनाते हुए, अपना आसान ख़ुद इतना ऊँचा बनाते हैं कि रावण का सिंहासन उससे नीचा हो जाता है और रावण को ज़बरदस्त शर्मिंदगी उठाते हुए नीचे देखने के बजाय ऊपर देखना पड़ता है। गुस्से में बौखलाया रावण अपने सैनिकों को हनुमान की पूँछ में आग लगाने का आदेश देता है। हनुमान इस आग का जवाब अपनी पूँछ को चारों तरफ़ लहरा के देते हैं। रावण का सुंदर महल और लंका शहर आग के हवाले करने के बाद हनुमान उसके राज्य से बाहर छलांग मार देते हैं।

भारत में मुख्यतः दो प्रकार के बंदर होते हैं : सुनहरे बालों वाले लाल-मुँह वानर और चँदीले बालों वाले काले-मुँह वानर। लोककथाओं में यह माना जाता है कि लाल-मुँह वानर लंका जलने की कालिख से काला-मुँह वानर बन गए।

कला में हनुमान अपनी पूँछ के स्थान के अनुसार दो प्रकार के होते हैं : नीचे हुई पूँछ सीता और राम से मिलने के समय के 'सौम्य' हनुमान रूप को दर्शाती है और यदि हनुमान की पूँछ ऊपर उठी हुई है, तो वह उनके 'रौद्र' रूप, जो उन्होंने रावण के सामने धरा था, को दिखाती है। यह शिव से हनुमान के संबंध को और पुख़्ता करती है, क्योंकि शिव भी अपने सौम्य (शंकर) और रौद्र (भैरव) रूपों के लिए जाने जाते हैं।

हनुमान का एक रूप और है, जो ख़ासकर दक्षिण में दिखता है। इसमें उनकी बाँह आगे को इस तरह बढ़ी होती है, जैसे वे किसी को थप्पड़ मारने वाले हैं। यह रूप 'तमाचा' हनुमान कहलाता है : रावण को नीचा दिखाने वाला रूप। इसके विपरीत, हनुमान को जब राम के साथ दिखाया जाता है, तब उनके हाथ पूजा की मुद्रा में होते हैं : उनका यह रूप राम-दास कहलाता है।

चौपाई 10 : दैत्य संहारक

भीम रूप धरि
असुर संहारे।
रामचंद्र के
काज सँवारे।।

आप भयानक रूप धारण करते हैं संहार के लिए,
राक्षसों का।
रामचंद्र के
कार्य इस प्रकार पूरे हो गए।

मंदिरों में स्थापित हनुमान को अमूमन एक राक्षस को पैरों तले कुचलते दिखाया जाता है। कभी-कभी दो राक्षसों को- ज्यादातर एक नर, लेकिन कभी-कभी एक मादा। ये वाल्मीकि रामायण और अनेक स्थानीय और लोक रामायणों में हनुमान के द्वारा मारे गए राक्षसों में से कोई हो सकते हैं।

चौपाई 10 : दैत्य संहारक 55

लंका जाते समय हनुमान का सामना तीन राक्षसियों -सिंहिका, सुरसा और लंकिनी- से होता है, जो घुसपैठियों से लंका की रक्षा करती हैं। सिंहिका के पास अपने शिकार को उसकी परछाईं से पकड़ने की शक्ति होती है। वो हनुमान की छाया को पकड़ कर उन्हें ज़बरन अपने मुँह में डाल लेती है। हनुमान कोई विरोध नहीं करते और अपने को इतना सूक्ष्म बना लेते हैं कि सिंहिका को उन्हें खाने के बजाय लीलना पड़ता है। उसके पेट के अंदर पहुँच कर वे अपने आकार को फैलाते हैं और उसकी अँतड़ियों को फाड़ कर बाहर निकल आते हैं, जिससे वह मर जाती है।

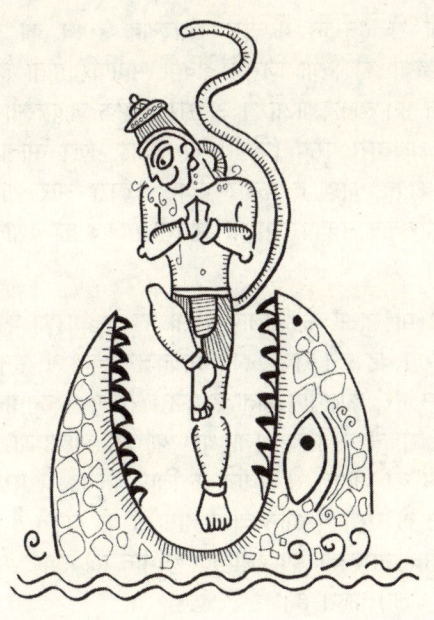

समुद्र के बीच में सुरसा, जिसे भगवान से यह वर मिला है कि उसके मुँह में प्रवेश किए बिना समुद्र में आगे नहीं जा सकते, उनका रास्ता रोकती है। हनुमान के पास कोई विकल्प नहीं था। वे अपना आकार इतना फैला लेते हैं कि सुरसा को अपना जबड़ा खोलना पड़ता है। तभी एक क्षण में वे स्वयं को मच्छर का आकार देते हैं और सुरसा के मुँह के अंदर जा कर बाहर आ जाते हैं। सुरसा अब कुछ नहीं कर सकती थी। हनुमान ने अपनी चालाकी से उसे हरा दिया था।

लंका में, वहाँ की रक्षा करने वाली लंकिनी को वे अपने मुक्के से ज़मीन पर गिरा देते हैं। उसे समझ आता है कि वह कोई साधारण वानर नहीं है, बल्कि वह वानर हैं, जिसके हाथों रावण का विनाश होना लिखा है। सिंहिका, सुरसा और लंकिनी का हारना रावण-राज के अंत की शुरुआत करता है।

हनुमान के पैरों से दबी दिखाई जाने वाली राक्षसी को कभी सिंहिका, सुरसा या लंकिनी समझा जाता है। कुछ लोग उसे दुर्भाग्य लाने वाली ज्योतिष शक्ति या पनौती मानते हैं। कुछ उसे ब्रह्मचारी ऋषि के अवतार हनुमान की उलट, कामातुर औरत का अवतार, शूर्पणखा (रावण की बहन) मानते हैं।

राक्षसियों से हनुमान के इस ख़तरनाक संबंध को कुछ लोग तंत्र विधा, गुप्त रहस्यों की विधा जिसमें देवियाँ सर्वोपरि होती हैं, के बहिष्कार की तरह देखते हैं। लोककथाओं में अक्सर कामुक जादूगरनी स्त्री (जोगिनी) और संन्यासी ब्रह्मचारी पुरुष (जोगी) की लड़ाई नज़र आती है। इसे ज्ञान व मुक्ति पर केंद्रित, शुद्ध व कठोर वेदांत परंपरा और शक्ति व नियंत्रण पर केंद्रित अपरिष्कृत तंत्र परंपरा के आपसी विवाद को दर्शाने की तरह भी देखा जाता है।

हर कोई महिलाओं के ख़िलाफ़ हिंसा की अवधारणा की सराहना नहीं करता है, भले ही वह स्त्री राक्षस हो। अधिकतर चित्रों में, हनुमान के पैर के नीचे दबे राक्षस नर, कालनेमि होता है, जिसे रावण ने हनुमान को संजीवनी बूटी ढूँढ़ने से रोकने के लिए भेजा था। या वह महिरावण होता है, जिसे हनुमान ने राम को पाताल से बचाने के लिए चतुराई से परास्त किया था। राक्षस सफलता के रास्ते में आने वाली बाधाओं को दर्शाते हैं। उन्हें कुचलना बाधाओं को कुचलना होता है। इसीलिए हनुमान को संकट मोचन (बाधाओं को दूर करने वाला) कहते हैं।

शक्तिशाली हनुमान को कभी-कभी दसमुखी (दस सिरों वाला) और पंचमुखी (पाँच सिरों वाला) भी माना जाता है। बाद वाले रूप के बाक़ी सिर अन्य पशुओं के होते हैं : एक घोड़ा, शेर, बाज़ और जंगली वराह। यह हनुमान के ज्ञान (घोड़ा), शक्ति (शेर), दृष्टि (बाज़) और दृढ़ता (जंगली वराह) से संबंध को दिखाता है। साथ ही साथ यह हनुमान के सिर्फ़ वानर होने से आगे होने को भी दिखाता है। हनुमान का यह रूप महाबली कहलाता है और इसमें वे बग़ैर राम के, स्वतंत्र देखे जाते हैं।

हनुमान अपने विराट स्वरूप को अलग-अलग परिस्थितियों में, अलग-अलग संदर्भों में दिखाते हैं : राम से पहली दफ़ा मिलने पर उन्हें प्रभावित करने के लिए, वानर-सेना को प्रेरित करने के लिए समुद्र पर छलांग मारते हुए, सिंहिका को परास्त करने में, सुरसा से बचने में, लंकिनी को हराने में, दूर लंका में बैठी सीता में आशा जगाने में, रावण को उसके दरबार में नीचा दिखाने में, और अंततः, महाभारत में भीम को इंसानियत सिखाने में। लेकिन इन सारे समयों में, इस विराट स्वरूप में हनुमान की मानवता और राम की सेवा करने की लालसा बरक़रार है, हमेशा।

चौपाई 11 : लक्ष्मण की रक्षा

लाय संजीवन
लखन जियाये।
श्रीरघुबीर
हरषि उर लाये।।

संजीवनी बूटी को ला कर आपने
लक्ष्मण को बचा लिया।

चौपाई 11 : लक्ष्मण की रक्षा

रघु कुल के वंशज ने
आपको खुशी से गले लगा लिया।

रामायण में राक्षस-राज रावण, सीता को उठा कर दक्षिण में समुद्र पार लंका द्वीप साम्राज्य में ले जाता है। सीता को बचाने के लिए उनके पति राम और राम के भाई लक्ष्मण वानरों की सहायता से लंका तक पुल बनाते हैं और रावण के विरुद्ध युद्ध की घोषणा करते हैं।

इसके बाद होने वाले युद्ध में रावण का पुत्र मेघनाद, जिसे इंद्रजीत भी कहा जाता है, लक्ष्मण पर साँपों के ज़हर से भरा जानलेवा तीर चला देता है। बेहोश लक्ष्मण की जान को शरीर में तेज़ी से ज़हर फैलने के कारण ख़तरा हो जाता है। उनकी जान घाव पर अगले दिन सुबह सूरज उगने से पहले संजीवनी नाम की बूटी लगने से ही बच सकती है। लेकिन यह बूटी दूर उत्तर में एक पहाड़ी पर ही उगती है। कौन इतनी दूर से, इतनी जल्दी बूटी को ला सकता है? सूरज डूब रहा है और राम सोच में हैं।

सारे वानर हनुमान के नाम का शोर मचाते हैं। क्या वे एक छलांग में, जैसे पेड़ की एक टहनी से दूसरी टहनी को कूदे हों, समुद्र को पार कर लंका नहीं पहुँचे थे? वे उड़कर बहुत आराम से एक रात में संजीवनी बूटी लेकर वापस आ सकते हैं। अपने भाई की मौत की आशंका से धीरे निराश राम उम्मीद भरी आँखों से हनुमान को देखते हैं। हनुमान उत्तर दिशा को मुड़ते हैं और छलांग लगा देते हैं।

हनुमान आसमान में हैं और रावण की नज़र उन पर पड़ती है। वह समझ जाता है कि हनुमान कहाँ और क्यों जा रहे हैं। फौरन ही रावण जादूगर कालनेमि को बुलाता है और हनुमान का रास्ता रोकने का आदेश देता है, ताकि वे संजीवनी बूटी न ढूँढ़ पाएँ और अगर ढूँढ़ भी लें, तो सूरज उगने से पहले वापस न आ सकें।

कालनेमि जादू से द्रोणागिरी पर्वत पर हनुमान से पहले पहुँच जाता है और साधु का वेश धर कर उनका इंतज़ार करता है। हनुमान के आने पर उनका स्वागत करता है और खाने को आमंत्रित करता है। हनुमान शिष्टतावश उसे मना नहीं कर पाते, लेकिन खाने के पहले नहाने को कहते

चौपाई 11 : लक्ष्मण की रक्षा

हैं। तब कालनेमि उन्हें मगरमच्छों से भरे तालाब का रास्ता दिखाता है। हनुमान नहाते तो हैं ही, अपने पर आक्रमण करने वाले मगरमच्छों को मार भी देते हैं। वो मगरमच्छ इंद्र से शापित अप्सराएँ होती हैं, जिनकी मुक्ति वानर के हाथों लिखी थी। वो सब हनुमान को धन्यवाद देती हैं और कालनेमि की असलियत बताती हैं। गुस्से से भरे हनुमान कालनेमि को ख़त्म कर देते हैं।

काफ़ी समय बरबाद हो गया था, अब आधी रात में उनके पास पहाड़ पर बूटी तलाशने का वक़्त नहीं था। बहुत अँधेरा था। इसलिए वे पूरा पहाड़ उठा लेते हैं और दक्षिण में लंका की तरफ़ उड़ जाते हैं। वे जब लंका पहुँचने वाले थे, तो देखते हैं कि रावण के कारण सूर्य को अपने समय से पहले ही उगना पड़ रहा है। इस पर वे सूर्य को अपने दूसरे हाथ से पकड़ कर काँख में दबा लेते हैं और पहाड़ हाथ में उठाए, राम की ओर निकल जाते हैं।

राम को राहत और प्रसन्नता मिलती है : बूटी मिल गई, लक्ष्मण की जान बच गई और सूर्यदेव को उगने के लिए मुक्त कर दिया गया। रामायण की यह बहुत महत्त्वपूर्ण घटना इस छंद में बताई गई है।

अधिकतर मंदिरों में हनुमान के पैरों के नीचे कालनेमि और हाथ में संजीवनी वाला स्वरूप पूजा जाता है। कालनेमि हमारे जीवन में बाधाओं का प्रतिनिधित्व करता है और संजीवनी हमारी समस्याओं का हल है। यह छवि वह भाव

दिखाती है, जो हनुमान की पूजा किए जाने का कारण है - वे बाधाओं को दूर और समस्याओं का समाधान करते हैं। यही कारण है कि सब उनसे प्रेम करते हैं। हनुमान हिंदू धर्म के व्यावहारिक पहलू का प्रतीक हैं, दार्शनिक पक्ष से बहुत अलग। संजीवनी से अलग, हनुमान की कई अन्य कहानियाँ हैं, जिनमें वे पहाड़ ले जाते हैं। कहा जाता है कि लंका पर पुल बनाने के लिए वानरों द्वारा अनेक पहाड़ों को ले जाया गया था। पुल बन जाने पर वानरों से कहा गया कि वो जहाँ हैं, वहीं उस पहाड़ को रख दें। दक्षिण में हम जिन पहाड़ों को देखते हैं, कहा जाता है कि वे सारे हिमालय का वह हिस्सा हैं, जो वानरों द्वारा लाया गया था। हनुमान जो पर्वत ले कर आ रहे थे, उसका नाम गोवर्धन था। गोवर्धन दुखी था कि उसे राम के दर्शन नहीं मिलेंगे। तब हनुमान ने उसे वचन दिया कि अपने अगले जन्म में राम उससे ज़रूर मिलेंगे। इसलिए राम द्वापर युग में कृष्ण के रूप में जन्म लेते हैं और गोवर्धन की ढलानों पर बड़े होते हैं और एक बार तो उसे अपनी छोटी उँगली पर उठा भी लेते हैं।

चौपाई 12 : भरत के जैसा भाई

रघुपति कीन्ही
बहुत बड़ाई।
तुम मम प्रिय
भरतहि सम भाई।।

राम प्रशंसा गीत गाते हैं
आपकी।
'आप मेरे उतने ही प्रिय हैं जितने मेरे
भाई भरत।'

राम, हनुमान के बहुत आभारी होते हैं, क्योंकि कई दफ़ा हनुमान के हस्तक्षेप के कारण ही राम को अपने लक्ष्य की प्राप्ति में सफलता मिलती है और इस

चौपाई 12 : भरत के जैसा भाई

सबके बदले में हनुमान का सिवाय उनकी सेवा के कुछ भी और नहीं माँगना राम को इतना प्रभावित करता है कि वे अपने को हनुमान की प्रशंसा करने से रोक नहीं पाते। और राम कहते हैं कि हनुमान उन्हें उतने ही प्रिय हैं, जितने उन्हें उनके भाई भरत।

यह तुलना काफ़ी महत्त्वपूर्ण है। भरत कैकयी के पुत्र हैं, जो राम के पिता दशरथ की दूसरी पत्नी है और जिसके छल-कपट के कारण ही राम को चौदह वर्ष के लिए वनवास में जाना पड़ा था। लेकिन भरत ने राम की जगह राजा बनने से इनकार कर दिया। उन्हें अपनी माँ की यह महत्त्वाकांक्षा और उसका धोखा देना पसंद नहीं आया था। उन्होंने राम से महल वापस चलने की याचना की, लेकिन राम ने पिता को दिए चौदह वर्ष जंगल में रहने के अपने वचन के कारण इनकार कर दिया। तब भरत वापस अयोध्या लौटे और वहाँ के सिंहासन पर राम की चरण-पादुकाएँ रख कर, उनके वापस आने तक प्रतिनिधि बन शासन किया।

राम के द्वारा हनुमान की तुलना भरत से किए जाने से उनकी पदवी दास से बढ़ परिवार की हो जाती है। यह हनुमान की प्रतिष्ठा में होने वाली बढ़त और उनका राम के दिल में जगह बना लेना दिखाता है। हम यहाँ यह सोचने को मजबूर हो जाते हैं कि कहीं हनुमान को इस तरह ऊँचा दिखाना राजनीति तो नहीं है। समाज के बुद्धिमान लोगों द्वारा पुराने रवैए को छेड़े बिना –यानी बुद्धिमता का सामना करने वाली शक्तियाँ जो यह देखती हैं कि समाज की संरचना जस की तस बनी रहे- असमानता को दूर किए जाने की कोशिश है।

एकनाथ की मराठी रामायण में, निःसंतान दशरथ द्वारा संतान प्राप्ति के लिए यज्ञ किए जाने पर उन्हें स्वर्ग से जादुई फल मिलता है। पुत्र प्राप्ति के लिए वे वह फल अपनी तीनों पत्नियों को देते हैं, जो उनके चार पुत्रों को जन्म देती हैं। एक बाज़ उस फल का कुछ हिस्सा ले कर उड़ जाता है और उसे अंजनी के मुँह में रख देता है। उनसे जनित पुत्र भले ही वानर है, लेकिन वह राम, लक्ष्मण, भरत और शत्रुघ्न का भाई है।

एक लोककथा में, हनुमान जब पहाड़ को ले कर दक्षिण को जा रहे थे, रास्ते में अयोध्या आती है। भरत को लगा कि कोई राक्षस अयोध्या के ऊपर पहाड़ गिराने वाला है, सो वे तीर चल देते हैं और हनुमान को नीचे उतरना

पड़ता है। भरत द्वारा ख़ुद को राम का प्रतिनिधि बताने से और हनुमान द्वारा ख़ुद को राम का दास बताने से उनके बीच का द्वंद्व युद्ध टल गया। उसके बाद हनुमान, भरत को राम के साथ हुई घटना के बारे में बताने लगते हैं कि कैसे राम अपनी पत्नी सीता को छुड़ाने के लिए लड़ रहे हैं। बातों में काफ़ी वक़्त बीत जाता है। हनुमान को अचानक एहसास होता है कि सूरज उगने वाला है और वे अभी लंका से बहुत दूर हैं। उन्हें घबराहट होती है कि वे समय पर नहीं पहुँच सकेंगे। ऐसे में भरत उनसे कहते हैं कि आप पहाड़ लेकर मेरे तीर पर बैठ जाइए। उसके बाद वे राम का ध्यान करते हुए तीर चला देते हैं। कुछ ही पलो में हनुमान लंका पहुँच जाते हैं। इस तरह भरत और हनुमान मिलकर लक्ष्मण की जान बचाते हैं और राम को प्रसन्न करते हैं। इसलिए हनुमान अयोध्या के राजसी परिवार में शामिल हैं।

चौपाई 13 : विष्णु के अवतार

सहस बदन
तुम्हरो जस गावैं।
अस कहि
श्रीपति कण्ठ लगावैं।।

हज़ारों लोग
तुम्हारी प्रशंसा गीत गाएँ।
ऐसा कह
श्री के पति (राम) आपको गले लगाते हैं।

इस छंद के साथ हनुमान की प्रशंसा शुरू होती है। अभी तक हमारा ध्यान हनुमान की उत्पत्ति, स्वरूप और किए गए चमत्कारों आदि पर था। अब हम हनुमान को चाहने वालों की बात करते हैं।

राम, हनुमान से कहते हैं कि हज़ारों लोग आपकी प्रशंसा करेंगे। यहां राम को धन की देवी श्री के पति के रूप में चिह्नित किया गया है। ऐसे में, जिन हज़ारों लोगों द्वारा प्रशंसा किए जाने की बात कही जा रही है, वे आदि-अनंत-शेष, हज़ारों फन वाले शेषनाग हो सकते हैं, जिनकी कुंडलियों पर लेटकर विष्णु क्षीर सागर (दूध का समुद्र) में आराम करते हैं।

राम का संबंध विष्णु से जोड़ा जाना यह दिखाता है कि रामायण को उस विष्णु-पुराण का हिस्सा माना जा रहा है, जिसमें वेदों को कथा के रूप में कहा गया है।

वेदों में, विष्णु एक निम्न देव हैं, इंद्र के छोटे भाई, उनके साथी लेकिन उनका दुनिया की रक्षा आदि से कोई सरोकार नहीं है। बाद के पौराणिक ग्रंथों में विष्णु -पृथ्वी का पालन और रक्षा करने वाले- एक उच्च्च देवता बनते हैं। वेदों में, राजा की पहचान विजयी इंद्र और सदाचारी वरुण से की जाती है। लेकिन पुराणों में, राजा विष्णु को दिखाया गया है, ख़ासकर राम के रूप में, और वरुण, धन की देवी लक्ष्मी के पिता, समुद्र के देवता हैं। लक्ष्मी, विष्णु

को अपने संरक्षक और पति के रूप में चुनती हैं। वो उनके बग़ल में मूर्त संपत्ति (भू) और अमूर्त मूल्य (श्री) के स्वरूप में प्रकट होती हैं।

रामायण की सीता पुराणों की लक्ष्मी हैं, जो कि वेदों में श्री हैं। 'श्री' शब्द 4000 से अधिक वर्ष पुराने, हिंदू मंत्रों के प्राचीनतम ग्रंथ, ऋग्वेद में समृद्धि और प्रचुरता को प्रदर्शित करता पाया जाता है। श्री सूक्त में, सौभाग्य की देवी का आह्वान अनाज, सोना, गायों, घोड़ों, बच्चों, धन और स्वास्थ्य के लिए किया जाता है। 'श्री' शब्द हनुमान चालीसा का भी पहला शब्द है, सबसे पहले दोहे में, यहाँ तक कि 'गुरु' के भी पहले। कुछ लोगों का मानना है कि दोहे में सीता को ही गुरु कहा गया है, जिन्हें शाक्त पंथ में कहीं-कहीं हनुमान के गुरु के रूप में देखा जाता है। इसलिए जहाँ वैष्णव हनुमान को विष्णु का दास मानते हैं और शैव उन्हें शिव का अवतार, शाक्त या देवी उपासना करने वाले हनुमान को देवी का शिष्य और राम को देवी का संरक्षक और अभिभावक मानते हैं।

विष्णु पुराण में, जंगल को रहने और उपजाऊ बनाने का रूपक हमें बताता है कि लक्ष्मी दूध के समुद्र के मंथन से निकली थीं। जंगल (अरण्य) और रहने की जगह (ग्राम) का अलग-अलग होना पहली बार सामवेद में दिखाई देता है। शिव पुराण में, मानवता की माँ, काली जंगल हैं और मानवता की पुत्री, गौरी गाँव हैं। ब्रह्मा निर्माता हैं, जो वन को खेत बनाते हैं, प्रकृति को संस्कृति बनाते हैं- जहाँ इनसान के बनाए नियम लागू होते हैं।

हालाँकि, ब्रह्मा द्वारा बनाई गई दुनिया संघर्ष और दुख से भरी है। उनके बच्चे, देवता और असुर एक-दूसरे से लगातार लड़ते हैं। और इसलिए ब्रह्मा की पूजा नहीं की जाती है। इसके बजाय, साधु शिव की पूजा की जाती है, जो धन और शक्ति को ख़ारिज़ करते हैं और शांति के लिए समाज से वापस निकल, जंगल में लौटते हैं। इसलिए ब्रह्मा के प्रतिद्वंद्वी शिव को विनाशक के रूप में वर्णित किया गया है। ब्रह्मा की दुनिया समृद्धि देती है लेकिन शांति नहीं, शिव की दुनिया शांति देती है लेकिन समृद्धि नहीं।

संरक्षक विष्णु, ब्रह्मा और शिव के बीच में होते हैं। वे उनके झगड़ालू बच्चों को मिलाते हैं, जो समुद्र मंथन से लक्ष्मी को बाहर लाते हैं। इसलिए ब्रह्मा की तरह वे भी समाज से जुड़ते हैं और धन बनाते और उसका आनंद उठाते हैं, लेकिन वे ब्रह्मा और उनकी संतानों की तरह ख़ुद को लक्ष्मी का

चौपाई 13 : विष्णु के अवतार

नियंत्रक नहीं मानते। इसके बजाय, शिव की तरह उनके पास आंतरिक शांति है, जो उन्हें अपने द्वारा उत्पन्न धन पर नियंत्रण की चाहत नहीं होने देती। वे आराम से, बग़ैर किसी लगाव के, उसे सब में निष्पक्षता से बाँटते हैं। यह उन्हें लक्ष्मी का आदर्श पति बनाता है। वे उनकी रक्षा करते हैं, आनंद उठाते हैं, लेकिन उन पर नियंत्रण की इच्छा नहीं रखते। यही कारण है कि विष्णु को लक्ष्मी-वल्लभ, यानी लक्ष्मी को प्यारा और श्री-पति, यानी वैभव का स्वामी कहा जाता है।

पृथ्वी पर विष्णु, राम जैसे अनेक रूपों में अवतरित होते हैं, मनुष्य को यह दिखाने के लिए कि जीवन कैसे जिया जाए, धन कैसे कमाया जाए, कैसे बिना उसका आदी हुए, उसका आनंद लिया जाए और उसे बाँटा जाए। वे इनसान की विशेषता, धर्म, जिसके कारण वह (स्व-जीव) दूसरों (पर-जीव) के लिए जगह बना सकता है, के विषय में बात करते हैं। इस तरह ऐसा समाज बनाते हैं, जहाँ संपन्नता और शांति, दोनों हों। प्रचुरता और प्रसन्नता का मिलाप ही श्री की धारणा है। क्योंकि वे ऐसा कर पाते हैं, इसलिए विष्णु (इसलिए राम) को श्री-पति के रूप में देखा जाता है।

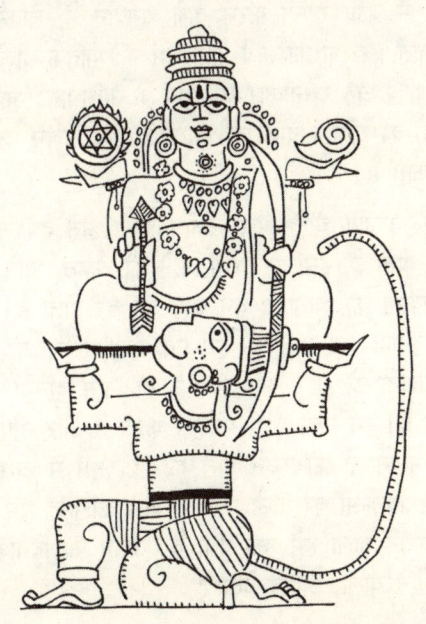

चौपाई 14 : ब्रह्मा और उनके मस्तिष्क से जन्मे पुत्र

सनकादिक
ब्रह्मादि मुनीसा।
नारद सारद
सहित अहीसा।।

सनक,
ब्रह्मा, और अन्य ऋषि।
नारद, सरस्वती,
और साथ में सर्पों के राजा।

पिछले छंद में राम जो कि विष्णु हैं, उन्होंने हनुमान की प्रशंसा की। इस छंद में ब्रह्मा और अन्य ऋषि-मुनियों के द्वारा प्रशंसा की जा रही है।

हिंदू धर्म में ब्रह्मा रचना करने वाले भगवान हैं, लेकिन उनकी कभी पूजा नहीं की जाती। रचना का अर्थ, हिंदू धर्म में, भौतिक चीज़ों के रचनाकार से नहीं होता, बल्कि वह रचनाकार जो स्वयं के अभिमान (अहम्) और दिव्य पहचान (आत्मा) को खोजने वाले को रचता है। यह सृजन जिस कैनवस पर होता है वह प्रकृति है।

प्रकृति में, अजीव चीज़ें और सजीव प्राणी होते हैं। जीवित को मौत के बारे में पता होता है, इसलिए उसमें जीने की चाहत, खाने की भूख और वह ख़ुद कहीं किसी का खाना न बन जाए का डर होता है। इंसानों में यह भूख और डर ज़्यादा बढ़ जाते हैं। हम एक ऐसी दुनिया के बारे में सोचते हैं, जहाँ ख़ूब खाना हो और कोई डर न हो। इस दुनिया को नहीं पाना दुख पैदा करता है। हम छला हुआ महसूस करते हैं और अपने दुख से भर जाते हैं। ऐसी भावनाओं को रचने वाले की हिंदू धर्म में आराधना नहीं की जाती है। ऐसी भावनाओं का विनाश करने वाले को हिंदू धर्म में पूजा जाता है। अहम् को रचने वाला हमें दुख देता है। अहम् का विनाश करने वाला, आत्म को रूप देने वाला, आनंद देता है।

ज्ञान, जो कि देवी सरस्वती, जिन्हें यहाँ शारदा कहा गया है, के रूप में होता है। उसके होने से ख़ुशी मिलती है। सनक और नारद सहित ऋषि-मुनि इस ज्ञान को पाने की जद्दोजहद को दिखाते हैं। वे हनुमान की पूजा करते हैं, क्योंकि उन्हें पता है कि हनुमान ज्ञानी हैं। हनुमान में यह ज्ञान है क्योंकि उन्होंने दिल से राम को देखा है, उन्हें विष्णु के रूप में पहचाना है, जो धर्म का स्वरूप हैं, जो अपनी भूख और डर से परे हो चुके हैं और जो भीषण विपत्तियों के बावजूद, हमेशा आनंद की स्थिति में होते हैं।

ब्रह्मा के पहले पुत्रों में सनत्कुमार थे। उनके बहुत नाम हैं, सना, सनक, सनत, सानंद। मूलतः इन्हें चार युवा बालकों के रूप में देखा जाता है। पुराणों में, यौन गतिविधियों को सचमुच का नहीं समझा जाना चाहिए : पुरुष रूप दिमाग़ को दिखाता है और स्त्री रूप पदार्थ को दिखाता है। एक ऋषि का अप्सरा पर मोहित होना संवेदनशील उत्तेजना पर दिमाग़ की प्रतिक्रिया को दर्शाता है। युवा बालक का अर्थ यह हुआ कि उनके पास दुनिया से लगाव पैदा करने वाले या फिर इच्छा ही पैदा करने वाले साधन नहीं हैं। वे हर तरफ़ उस ज्ञान की तलाश में घूमते रहते हैं, जो आनंद दे। जब तक वो बड़े नहीं होते और दुनिया से नहीं जुड़ते, उन्हें ज्ञान नहीं मिलेगा। लेकिन उन्हें यह पता नहीं है और इसलिए वे बग़ैर बड़े या बूढ़े हुए अंतरिक्ष और समय के बीच भटकते रहते हैं।

सनत्कुमार के बाद पैदा होने वाले नारद वयस्क हैं और दुनियादारी में शामिल होने के लायक़ हैं। लेकिन वे भौतिक दुनिया का हिस्सा नहीं बनना चुनते हैं और तब तक जगह-जगह हर प्राणी को यह बताने जाते हैं कि भौतिक संसार बेमतलब है और दुख, भूख और कष्टों से भरा हुआ है, जब तक कि उन्हें ब्रह्मा यह शाप नहीं दे देते कि वे भौतिक दुनिया से तब तक छुटकारा नहीं पा सकते, जब तक कि वे सबको उसमें जोड़ नहीं देते। क्योंकि जब तक कोई दुनिया से जुड़ कर भूख और डर को महसूस नहीं करेगा, वह भूख और डर से परे नहीं निकलेगा, सहानुभूति और जीवन का अर्थ नहीं समझेगा। इसे ऐसे भी कह सकते हैं कि बग़ैर भौतिक कुछ भी आध्यात्मिक नहीं हो सकता।

सरस्वती को शारदा इसलिए कहा गया है, क्योंकि कोई एक हज़ार वर्ष पूर्व शारदा भारत की एक लोकप्रिय लिपि थी। देवनागरी के आने से पहले

वेदों को इसी लिपि में लिखा जाता था। ब्रह्मा उन्हें पाना चाहते हैं और जब वे इसकी कोशिश करते हैं, तो वो उनसे दूर भागती हैं और शिव, ब्रह्मा का सिर काट देते हैं। जानकारी रटी नहीं जाती, उसे भीतर से समझ कर ज्ञान में बदलना होता है। ब्रह्मा का सिर इसलिए काटा जाता है, क्योंकि वे ब्राह्मण (सुलझा दिमाग़ जिसे वेदों को समझने के कारण दूसरों पर रौब दिखाने की कोई चाहत नहीं होती) का रास्ता न चुनकर ब्राह्मिणा (उलझा दिमाग़ जो अपनी अक़्ल और पहुँच के सहारे दूसरों पर रौब जमाना चाहता है) का रास्ता चुनते हैं।

छंद में साँपों के देवता नागराज को अहिसा कहा गया है, जैसे शुरू में वानरों के देव को कपीसा कहा गया है। यह साँपों के देव वासुकी का नाम भी हो सकता है। यह आदि-अनंत-शेष, जिनके फन पर पृथ्वी टिकी हुई है, भी हो सकते हैं। या ऐसा भी हो सकता है कि यह हमारी रीढ़ की हड्डी की नींव पर कुंडली बनी -हमारा अस्तित्व दिखाती- सर्प कुंडलिनी को दर्शा रहा हो,

जो जग जाए तो हमारे दिमाग में ज्ञान खिल उठे, हमारी समझ को ज्ञान में बदल दे। ज्ञान होने पर हम राम और हनुमान की तरह दुनिया को दुनिया की तरह ही देखते हैं, वरना ब्रह्मा और उनके बेटों की तरह हम भी निरर्थक हो, भूख और डर में फँस, दुनिया पर अधिकार जमाना चाहते हैं।

हनुमान जब बच्चे थे, उन्हें अपनी ताक़त का एहसास नहीं था। वे पत्थर और पहाड़, पेड़ और हाथी को खिलौने की तरह उठा कर कहीं भी फेंक देते थे। इसलिए ऋषियों ने हनुमान को उनकी शक्ति भूल जाने की घोषणा की। यह शक्ति ज़रूरत के समय ख़ुद सामने आ जाएगी। हनुमान जब भी किसी मुसीबत में होते या फिर उन्हें किसी समस्या को सुलझाना होता, तब उन्हें अपनी छुपी हुई शक्तियाँ और कौशल याद आ जाते थे। इसे ऐसे समझें कि रीढ़ की हड्डी से उनकी ज्ञान की कुंडलिनी धीरे से जागती है, उन्हें दुनिया को अच्छी तरह समझने देती है, मसला क्या है समझने देती है, ताकि वे बुद्धि के साथ यह तय कर सकें कि अपनी ज़बरदस्त प्राकृतिक शक्ति का इस्तेमाल किस तरह किया जाए। अंततः उनकी महान शक्ति ने उन्हें समुद्र के आर-पार छलांग लगाने दी और पहाड़ों को उठाने और ले जाने दिया। लेकिन शुक्रिया उनके गुरु सूर्य का और शुक्रिया उनके राम के अनुभव का, कि वे अपनी बुद्धि को ज्ञान में बदल पाए, सरस्वती प्रयोग धन (जो भूख दिखाता है) की लालसा या दूसरों पर अधिकार (जो डर दिखाता है) के लिए नहीं, बल्कि अपनी भूख और डर से मुक्ति पाने के लिए किया। यही कारण है कि ब्रह्मा और उनके पुत्र, ऋषि, यहाँ तक कि बुद्धि की देवी और ज्ञान का सर्प, सब उन्हें पसंद करते हैं।

चौपाई 15 : हर तरफ़ हैं चाहने वाले

जम कुबेर
दिगपाल जहाँ ते।
कबि कोबिद
कहि सके कहाँ ते।।

यम, कुबेर
बाक़ी दिशाओं के रक्षक।
कवि और साथ ही साथ विद्वान
आपकी पूरी प्रशंसा नहीं कर सकते।

हनुमान चालीसा जहाँ एक तरफ़ हनुमान में लीन होने को प्रेरित करती है, वही यह हमारे हिंदू धर्म के वैश्विक नज़रिए को भी विस्तृत करती है। यह छंद हमें दिगपाल के बारे में बता रहा है, जो आकाश में आठों दिशाओं के रक्षक हैं। यहाँ हनुमान की लोकप्रियता दोबारा पुष्ट की गई है। यहाँ दिशा की रक्षा करने वाले भी और कवि और विद्वान भी हनुमान की प्रशंसा कर रहे हैं।

जैसे-जैसे पुराणों की रचना होती गई, हिंदू धर्म में संसार ने एक ख़ास बनावट का रूप ले लिया। संसार को एक कमल के फूल की तरह देखा गया, जिसमें महाद्वीप बीच के मेरु पर्वत के चारों ओर पत्तों की तरह फैले थे। भारत जिस महाद्वीप पर स्थित है उसका नाम जम्बू द्वीप है और जो हिमालय से समुद्र तक फैला हुआ है, जिसे सात नदियों का पानी मिलता है; यह काले-हिरण की भूमि है। इसके ऊपर छतरी की तरह फैला आसमान है जो आठ अलग-अलग स्थानों पर खूँटे से बँधा हुआ है और हर खूँटे पर एक दिगपाल और दो हाथी (दिग-गज) हैं।

ध्रुव-तारा उत्तर दिशा को दिखाता है, जो कि स्थायित्व की भूमि है। यह दक्षिण को अस्थायित्व की भूमि बनाता है, जहाँ मृत्यु के देवता, यम का राज है। दक्षिण में राक्षसों के राजा रावण का राज है, जिसने अपने बड़े भाई, यक्षों के राजा कुबेर को उत्तर में भेज दिया था। अगर रावण लंका में रहता है, तो कुबेर अलंका या अलका में। अगर रावण दूसरों के भाग्य पर क़ब्ज़ा जमाता है, तो कुबेर ख़ज़ाने के देवता होने के कारण दूसरों को भाग्य देते हैं। कुल मिलाकर ये दोनों दिशाएँ एक-दूसरे की ठीक उलट हैं। यम ज़िंदगी को डर से भर देते हैं, जबकि कुबेर ज़िंदगी को उम्मीद से। ज़िंदगी डर और उम्मीद का मिलन है। ये दोनों देव एक-दूसरे के विपरीत हैं और दोनों ही हनुमान की प्रशंसा करते हैं।

बाक़ी दिगपालों में पूर्व में इंद्र और पश्चिम में वरुण हैं। दोनों एक-दूसरे के पूरक हैं : इंद्र बारिश के ताजा पानी का रूप हैं, तो वरुण समुद्र के खारे

चौपाई 15 : हर तरफ़ हैं चाहने वाले

पानी के। अन्य चारों दिशाओं में सूर्य के विपरीत चंद्र और वायु के विपरीत अग्नि हैं। अंतरिक्ष के ये देव हनुमान की प्रशंसा करते हैं। उन्हें हर दिशा से प्यार किया जा रहा है।

बहुत-से हनुमान मंदिर दक्षिण-मुखी होते हैं, जिनमें हनुमान दक्षिण, मृत्यु और नाश की दिशा को उन्मुख होते हैं। इनमें हनुमान दक्षिण भारत के कुछ मंदिरों में होने वाले दक्षिण-मूर्ति शिव का अनुसरण करते हैं। शिव इसमें गुरुओं के गुरु रूप में होते हैं, क्योंकि वे संतों के लाभ के लिए वेदों, तंत्र, निगम और अगम पर व्याख्यान देते हैं। लेकिन दक्षिणमुखी हनुमान बौद्धिक कम और खूंखार अधिक होते हैं। वह दक्षिण में रहने वाले राक्षसों से भक्तों की रक्षा करते हैं। दक्षिण का अर्थ यहाँ शाब्दिक नहीं, बल्कि उपमा रूप में है। यह भी कह सकते हैं कि यह हमारे दिमाग़ के निचले हिस्से में रहने वाली, शरीर की नकारात्मक इच्छाओं को दर्शाता है। यह भी कह सकते हैं कि यह हमारी उन मूल भावनाओं या दूसरों की उन मूल भावनाओं को दर्शाता है, जिनके कारण संबंध बिगड़ते हैं, जैसे ईर्ष्या और क्रोध।

कवियों और विद्वानों से हनुमान का एक ख़ास रिश्ता है। कवि दिल से दुनिया को देखता है, विद्वान दिमाग़ से। दोनों ही इस योद्धा वानरदेव से प्रेम करते हैं। क्यों? क्योंकि हनुमान उन्हीं में से एक हैं : एक कवि और एक विद्वान। और इसे सिद्ध करती बहुत सारी कहानियाँ हैं।

ज्ञान के लिए उनकी चाहत का तब साफ़ नज़र आती है, जब वे सूर्यदेव से विनती करते हैं कि वो उनके गुरु बन जाएँ और उन्हें वेदों के राज़ समझाएँ। पढ़ते समय उन्हें सूरज की लपटों से कोई दिक़्क़त नहीं होती।

कहानी सुनाने से उनका प्रेम तब दिखता है, जब वे पहली बार राम की कहानी (रामकथा) सीता को लंका में सुनाते हैं और बाद में भरत को अयोध्या में। इन वर्णनों में, वे सबसे ख़ूबसूरत शब्दों और अलंकारों का प्रयोग करते हैं। संगीत के प्रति उनका प्रेम तब नज़र आता है, जब संगीतज्ञ ऋषि नारद राम के भजन गायन भर की शक्ति से उन्हें हिमालय की बर्फ़ को गलाते देखते हैं।

चौपाई 16 : सुग्रीव को समर्थ बनाना

तुम उपकार
सुग्रीवहिं कीन्हा।
राम मिलाय
राज पद दीन्हा।।

अनंतकाल तक आपसे उपकृत
है सुग्रीव।
आपने उसे राम से मिलाया
जिन्होंने उसे राजा बनाया।

यह छंद हमारा ध्यान किष्किंधा पर्वत पर हुई उन घटनाओं पर ले जाता है, जिनमें हनुमान के हस्तक्षेप के कारण सुग्रीव, राम की सहायता से राजा बनते हैं। जैसा कि पहले बताया था, रामायण की कहानी तीन संसारों : अयोध्या, जहाँ मानव धर्म की मर्यादा को बनाए हुए है; किष्किंधा, जहाँ वानर, धर्म से संघर्ष के साथ रहते हैं; और लंका, जहाँ राक्षस, धर्म को पूरी तरह नकारते हुए रहते हैं। इसलिए वानर धर्म और अधर्म के संसारों के बीच रहते हैं।

चौपाई 16 : सुग्रीव को समर्थ बनाना 73

धर्म में, आप जो भी वापस मिले, उसे ग्रहण किए जाने की भावना से देते हैं। अधर्म में, आप जो भी चाहते हैं वह छीन लेते हैं, क्योंकि निजी संपत्ति की कोई अवधारणा या उसका सम्मान नहीं होता है। इन दोनों संसारों के बीच लेन-देन की दुनिया है, जहाँ आप पर दायित्वों को पूरा करने का बंधन है। यह वह संसार है, जहाँ आप न्याय चाहते हैं। जहाँ न्याय ख़ुद-ब-ख़ुद नहीं मिलता, बल्कि क़ानून और ताक़त से लागू किया जाता है। यह किष्किंधा की राजनीति से दिखाया गया है।

एक बार, किष्किंधा का राजा ऋक्ष एक तालाब में गिरने से स्त्री बन जाता है। वर्षा के देव इंद्र और सूर्यदेव, दोनों भगवान उसके इस स्त्री रूप के प्रेम में पड़ जाते हैं। उनके इस मिलन से ऋक्ष के दो पुत्र होते हैं, इंद्र का ताक़तवर पुत्र बाली और सूर्य का नम्र पुत्र सुग्रीव। ऋक्ष जो उनका माता और पिता दोनों था, कहता है कि उसकी मृत्यु के बाद दोनों राज्य को आपस में बराबर बाँट लें।

सबकुछ ठीक चल रहा था, जब तक कि ग़लतफ़हमी नहीं हुई थी। एक राक्षस किष्किंधा पर आक्रमण करता है, जिसके बाद सुग्रीव यह मान लेता है कि बाली की मृत्यु हो गई है। लेकिन बाली तो जीत गया था और वह अपने भाई की इस जल्दबाज़ी को उसके छल और महत्त्वाकांक्षा की तरह देखता है। इस भ्रम को दूर करने और भरोसे को दोबारा क़ायम किए जाने के बजाय, बाली सुग्रीव को किष्किंधा से बाहर निकाल कर पूरे साम्राज्य पर क़ब्ज़ा जमा लेता है। वह सुग्रीव की पत्नी रूमा को अपने हरम का हिस्सा बना लेता है। बाली ठीक उसी ताक़तवर नर वानर की तरह व्यवहार करता है, जो खाना मिलने वाली सारी ज़मीन और समूह की सारी नारी वानर अपने क़ब्ज़े में कर लेता है।

अगर हनुमान बीच में नहीं आए होत, तो बाली ने सुग्रीव की हत्या कर दी होती। हनुमान ने अपने गुरु सूर्य, यानी सुग्रीव के पिता से सुग्रीव की रक्षा करने का वादा किया था। हनुमान ने देखा कि बाली, सुग्रीव को मार देना चाहता है। सुग्रीव ऋष्यमूक पहाड़ की चोटी पर छुपा हुआ था, क्योंकि बाली को यह शाप था कि उस पर्वत पर रुकने भर से उसकी मौत हो जाएगी। अब बाली यह करता था कि वह पहाड़ के ऊपर उड़ता और सुग्रीव के सिर पर वार करता। हनुमान ने रोज़-रोज़ बाली की यह हरक़त देखने

के बाद उसे रोकना तय किया। उन्होंने बाली को पैर से पकड़ा और डराया कि उसके नाश के लिए वे उसे खींच कर पहाड़ की चोटी पर ले जाएँगे। बाली के गिड़गिड़ाने पर उन्होंने उसे तमाचा (जिससे 'तमाचा' हनुमान की रचना हुई) मारा और उससे वादा लिया कि बाली अपने इस व्यवहार को छोड़ेगा और अपने भाई को परेशान नहीं करेगा। अगर हनुमान चाहते तो वे बाली को चोट पहुँचा सकते थे, उसे मार भी सकते थे। लेकिन उन्होंने ऐसा नहीं किया, क्योंकि इंद्र के पुत्र से उनकी कोई लड़ाई नहीं थी। या ऐसे कहें कि अपने गुरु के आदेशानुसार वे सुग्रीव की रक्षा पर ध्यान देते हैं, लेकिन बाली-सुग्रीव के झगड़े में नहीं पड़ते।

वे हनुमान ही थे, जिन्होंने सीता के उन आभूषणों को देखा था, जो उन्होंने, वह रास्ता बताने के लिए, जिस पर रावण उन्हें अपने पुष्पक विमान से ले जा रहा था, फेंके थे। यही उन्हें राम और लक्ष्मण तक ले गया था, जो सीता की खोज में दक्षिण दिशा में जा रहे थे। उन्होंने राम का परिचय सुग्रीव से कराया। उन्हें लगा कि ये दोनों एक-दूसरे की सहायता कर सकते हैं : सुग्रीव

चौपाई 16 : सुग्रीव को समर्थ बनाना

की सहायता कर राम उन्हें किष्किंधा का राजा बना सकते हैं और सुग्रीव सीता की खोज में राम की सहायता कर सकते हैं।

जहाँ हनुमान ने राम की सज्जनता और शूरता को महसूस कर लिया था, वहीं सुग्रीव को कोई भरोसा नहीं था और वह राम के धनुर्धर होने का प्रमाण चाहता था। राम को सात पेड़ों को भेदने वाला तीर चलाना पड़ा, ताकि सुग्रीव को यह भरोसा हो कि उनका साथ फ़ायदे का काम है। सुग्रीव ने तब बाली को द्वंद्व युद्ध के लिए ललकारा और जब वे दोनों लड़ रहे थे, झाड़ी के पीछे छुपे हुए राम ने तीर से बाली का वध कर दिया।

बाली ने इसे धोखा कहा, तब राम ने कहा, 'वह जिसको यह नहीं पता कि साझा कैसे करते हैं, माफ़ कैसे करते हैं, वह जो जंगल के तरीक़े से रहता है और अपनी शक्ति से प्रभुत्व जमाता है, उसे द्वंद्व युद्ध में चालाकी को धोखा नहीं कहना चाहिए, क्योंकि यह भी जंगल का ही तरीक़ा है, जिससे कमज़ोर अपनी जान बचाता है। यह न भूलो कि अगर मैंने तुम्हें द्वंद्व युद्ध के लिए ललकारा होता, तो जंगल के नियमानुसार किष्किंधा पर मेरा साम्राज्य हो जाता, सुग्रीव का नहीं।

और इस तरह राम की सहायता से सुग्रीव राजा बन गया। लेकिन तय शर्त के हिसाब से जब उसकी बारी आई, तो सुग्रीव ने कहा, 'वर्षा ऋतु के ख़त्म होने का इंतज़ार करते हैं, बारिश में सफ़र करना खतरनाक है।' जहां एक तरफ़ राम धैर्य से इंतज़ार कर रहे थे, सुग्रीव अपने हरम में लिप्त हो गया, क्योंकि अब तो बाली की पत्नी तारा भी उसकी थी। वह राम को किया हुआ अपना वादा पूरी तरह भूल गया, जबकि बारिश ख़त्म हो चुकी थी। अंततः गुस्से में भरे लक्ष्मण ने कहा, 'मैं उस धोखेबाज़ सुग्रीव का वध कर दूँगा, अगर उसने सहायता नहीं की।' वो हनुमान ही थे, जो स्थिति को भाँप जाते हैं और सँभालते हैं। वे एक तरफ़ लक्ष्मण का गुस्सा ठंडा करने के लिए तारा को लाते हैं और दूसरी तरफ़ सुग्रीव से कहते हैं कि वे अपने को सुधारें और अपने वादे को पूरा करें। इस तरह सुग्रीव को अक़्ल आती है और वह राम से माफ़ी माँगता है और सीता को खोजने के लिए अपनी सेना को तैयार करता है।

यानी कि वे हनुमान ही थे, जिन्होंने सुग्रीव को न सिर्फ़ बाली के चंगुल से बचाया, बल्कि उसे राम की सहायता से राजा बनाए जाने में सक्षम बनाया

और लक्ष्मण के गुस्से से उसकी रक्षा भी की। हनुमान, सुग्रीव को धर्म के रास्ते पर लाए- सिर्फ़ लेना ही नहीं, देना भी सीखो। सुग्रीव को हनुमान ने उसके दायित्वों की याद दिलाई।

लक्ष्मण जहाँ सुग्रीव से यह उम्मीद रखते थे कि वह अपना वादा पूरा करे, राम की ऐसी कोई चाहत नहीं थी। क्योंकि राम योगी थे, जिसे यह पता होता है कि इनसान का हक़ सिर्फ़ कर्म पर होता है, उसके परिणाम पर नहीं। केवल हनुमान ने ही इस पर ध्यान दिया और वे ऐसे इंसान का सेवक बनना चाहते थे, जिसे किसी का स्वामी बनने की इच्छा नहीं थी।

चौपाई 17 : विभीषण का सशक्तिकरण

तुम्हरो मंत्र
बिभीषन माना।
लंकेस्वर भए
सब जग जाना।।

आपकी वह सलाह
जो विभीषण ने स्वीकारी।
उसको लंका का राजा बना दिया
ऐसा दुनिया जानती है।

यह छंद हमें 2000 साल पहले रची गई वाल्मीकि रामायण और 500 साल पहले रचे गए तुलसीदास के रामचरित मानस में अंतर बताता है और अलग-अलग क्षेत्रों और लोककथाओं में राम की कहानी में मिलने वाले अंतर पर हमारा ध्यान ले जाता है। हालाँकि हर कोई वाल्मीकि को रामायण लिखने वाला पहला कवि मानता है, लेकिन यह महाकाव्य विभिन्न संस्कृत नाटकों,प्राकृत रचनाओं और -10वीं शताब्दी के आसपास से- विभिन्न क्षेत्रीय भाषाओं में भी अलग-अलग तरह से सोचा, दोहराया गया है।

चौपाई 17 : विभीषण का सशक्तिकरण

प्राचीनतम और बाद के लेखन में दो तरह के अंतर हैं। पहला, विषय : जहाँ संस्कृत महाकाव्य में धर्म और राजा के पुत्र के दायित्व पर ध्यान दिया गया है, वहीं क्षेत्रीय महाकाव्यों में भक्ति और किसी देवता की उसे मानने वाले द्वारा पूजा किए जाने पर ध्यान दिया गया। दूसरा अंतर कथानक में बदलाव है।

रामचरितमानस में हमें एक ऐसा संदर्भ मिलता है, जो वाल्मीकि रामायण में नहीं है : सीता की खोज में हनुमान के लंका पहुंचने पर उनका विभीषण से मिलना। हनुमान को लंका में एक आदमी राम का नाम जपता हुआ मिलता है। पता चलता है कि वह रावण का छोटा भाई है। परिचय वग़ैरह होने के बाद, हनुमान विभीषण को सूचित करते हैं कि राम सबकुछ ठीक करने लंका आ रहे हैं। इसके बाद विभीषण उन्हें अशोक वाटिका, जहाँ सीता क़ैद हैं, का रास्ता दिखाता है।

विभीषण अपने भाई की हरक़त से सहमत नहीं है कि किसी अन्य की पत्नी का अपहरण किया जाए और उसे वाटिका में बंदी बनाया जाए। इस असहमति के कई कारण हैं। नैतिक कारण : महिला की सहमति का सम्मान किया जाए। किसी दूसरे की पत्नी का सम्मान किया जाए। व्यावहारिक कारण : रावण की यह हरक़त लंका की प्रतिष्ठा को नुक़सान पहुँचाएगी और लंका की सुरक्षा के लिए ख़तरा बनेगी। इसका धार्मिक कारण भी है : राजा के दुर्व्यवहार का असर पूरे राज्य के जीवन पर पड़ता है। विभीषण चाहता है कि उसका भाई इस बात को समझे और हनुमान उस से यह आग्रह करते हैं कि वह अपने भाई से बात करे।

दुर्भाग्य से, रावण विभीषण के तर्कों और विरोध को पसंद नहीं करता और उसे लंका से बाहर निकाल देता है। हनुमान, विभीषण को वह साहस दिलाते हैं जिससे वह अपने भाई के प्रति गहरे प्रेम को ख़त्म कर सके और राम की सेना में शामिल हो जाए।

विभीषण, रावण के अनेक रहस्य और कमज़ोरियाँ बताता है, जिससे राम राक्षसों के राजा को हराने में सक्षम हो जाते हैं। इसलिए लोककथाओं में, विभीषण का सम्मान नहीं किया जाता। उन्हें एक गद्दार और भाई से वफ़ादारी न रखने वाला माना जाता है। विभीषण के विपरीत, रावण के एक दूसरे भाई कुंभकर्ण की बात की जाती है, जो सीता के अपहरण पर विभीषण के

विचारों से सहमत था, लेकिन रावण के प्रति वफ़ादार बना रहता है। वह राम पर हमला करता है और राम की वानर सेना के द्वारा बेरहमी से मार दिया जाता है। सवाल उठता है : क्या वफ़ादारी धर्म से ऊपर है? क्योंकि रावण, जो दूसरे की पत्नी को पकड़ लेता है, धर्म को नहीं मानता है।

लंका शहर को बनाने वाला कुबेर यक्षों का राजा और रावण का बड़ा भाई था। रावण ने उसे लंका से बाहर कर दिया और ख़ुद राजा बन गया। मतलब रावण ने जानवरों वाला व्यवहार किया- अधिकार को स्थापित करने के लिए बल का प्रयोग। रावण का ऐसा करना और बड़ी त्रासदी हो जाता है, क्योंकि वह कोई जंगली नहीं है; वह एक ब्राह्मण है, जिसे वेदों का भली-भाँति ज्ञान है। लेकिन वह वैदिक ज्ञान का दुरुपयोग दुनिया पर हावी होने और शोषण करने के लिए करता है। दूसरे शब्दों में कहा जाए, तो वह वेदों की मूल अवधारणा- आत्मज्ञान, जो मनुष्य को पाशविक प्रवृत्ति से बाहर लाता है और संसार के प्रति सहानुभूति देता है- से सरोकार नहीं रखता है।

हनुमान, विभीषण को वफ़ादारी से ऊपर धर्म को रखने और उसे चुनने की शक्ति देते हैं। वफ़ादारी अपनी छवि को दूसरे के लिए दाँव पर लगाना

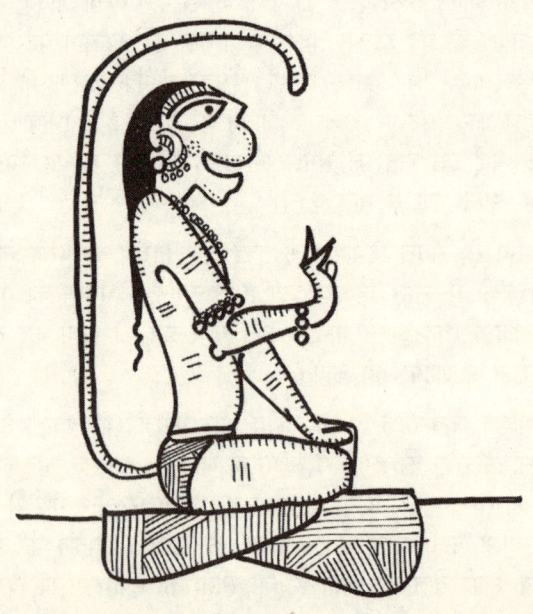

है। वफ़ादारी, दूसरों (पर-जीव) के कल्याण से ज़्यादा अपनी छवि (स्व-जीव) को सराहना है। धर्म होता ही दूसरों के लिए है। धर्म ही हमारी मानवता को परिभाषित करता है। रावण की हार के बाद विभीषण उसकी विधवा से विवाह करता है और लंका का राजा बनता है। वह एक अच्छे राजा की तरह शासन करता है- प्रजा से अपनी देखभाल चाहने के बजाय वह अपनी प्रजा की देखभाल करता है।

चौपाई 18 : सूरज बना फल

जुग सहस्र
जोजन पर भानू।
लील्यो ताहि
मधुर फल जानू।।

दूरस्थ
सुदूर सूरज को।
आपने भूल से
स्वादिष्ट फल समझ लिया।

हनुमान चालीसा समय रेखा पर नहीं लिखी गई है। इसलिए इसमें हनुमान की कहानी क्रमवार नहीं आती है। हम इसे पढ़ते हुए आगे-पीछे आते-जाते रहते हैं। और इसलिए यह सब बताने के बाद कि हनुमान ने किस तरह राम, सुग्रीव और विभीषण की सहायता की, यह छंद हमें वापस हनुमान के बचपन में ले जाता है, जहाँ वे सूरज को एक फल समझ उसे पकड़ने के लिए आसमान में छलांग मार देते हैं।

यह शानदार कहानी हमें बताती है कि किस तरह हनुमान अंतरिक्ष और समय को सिकोड़ देते हैं। वे एक बहुत बड़ी दूरी को ऐसे तय कर लेते हैं, जैसे कि पेड़ की एक डाल से दूसरी डाल पर कूद रहे हों। और वे आग के विशाल गोले को जो कि सूरज है, निगलने में सक्षम हैं।

कुछ लोग 'जुग सहस्र जोजन' को पृथ्वी और सूरज की बीच की दूरी बताते हैं, यानी सिद्ध होता है कि प्राचीन भारत जानता था कि अंतरिक्ष में दूरी की गणना कैसे की जाती है। वे जुग या युग को 1200, सहस्र को 1000 और जोजन या योजन को 8 मील (लगभग 13 किलोमीटर) मानते हैं। उनके हिसाब से इस पंक्ति का अर्थ लगभग 150,000,000 किलोमीटर है, यानी पृथ्वी और सूरज के बीच की दूरी। हालाँकि युग पारंपरिक समय की माप (एक युग) है और जोजन या योजन पारंपरिक दूरी की माप है। जिनको गुणा करने से दूरी का नहीं, गति का पता चलता है। इस तरह की व्याख्याएँ आकर्षक किंतु भ्रामक हैं। यह छंद केवल इतना बता रहा है कि हनुमान में अंतरिक्ष और समय को झुकाने की ऐसी क्षमता है कि वे न सिर्फ़ सूरज तक पहुँच जाते हैं, बल्कि अपने आकार को इतना बड़ा भी कर लेते हैं कि उसे खा सकें। हनुमान यह सब तब करते हैं, जब वे बच्चे हैं। उन्हें कोई प्रशिक्षण नहीं मिला है, न ही उन्हें अपनी ताक़त के बारे में पता है।

और यहीं देवताओं में घबराहट फैल जाती है। आकाश का देवता, इंद्र अपना वज्रासन हनुमान पर मारता है, जिससे वे पृथ्वी पर गिरते हैं, उनका जबड़ा टेढ़ा हो जाता है और उन्हें हनुमान नाम मिलता है। लेकिन अपने पुत्र के साथ इंद्र के इस व्यवहार को देखकर वायु नाराज़ हो जाते हैं और अपने पुत्र के साथ एक गुफा में छुप जाते हैं, जब तक कि देवता उनसे माफ़ी माँग गुफा से बाहर आने की विनती नहीं करते, ताकि सभी जीव दोबारा साँस ले सकें। बदले में इंद्र और बाक़ी सारे देव हनुमान को अनेक शक्तियों का आशीर्वाद देते हैं।

कुछ कथाओं में, हनुमान जब सूरज की तरफ़ जा रहे होते हैं, तो रास्ते में आने वाले हर ग्रह और नक्षत्र को खिलौना समझ कर चारों ओर फेंक देते हैं। हिंदुओं का मानना है कि ग्रहों की एक-दूसरे से और नक्षत्रों से दूरी मनुष्य के भाग्य का नक्शा देती है। ज्योतिष का उद्देश्य ब्रह्मांड की इसी संरचना को जाँचना-परखना है। क्योंकि हनुमान के पास इन खगोलीय पिंडों की जगह बदलने की शक्ति है, इसलिए वे इंसान की नियति बदल सकते हैं। सूर्य हमारी आभा पर प्रभाव डालता है, चंद्रमा हमारी भावनाओं को प्रभावित करता है, मंगल हमारी आक्रामकता को, बुद्ध बुद्धि को, बृहस्पति तार्किक शक्ति को, शुक्र रचनात्मकता को, शनि धैर्य को, राहु स्पष्टता को और केतु शांति को प्रभावित करता है।

चौपाई 18 : सूरज बना फल

मंगलवार और शनिवार को लोग हनुमान की पूजा इसीलिए करते हैं, ताकि हनुमान यह तय करें कि ग्रह नकारात्मक नहीं सकारात्मक प्रभाव दें। कथाएँ हमें बताती हैं कैसे आग का गोला सूर्य, हनुमान के लिए एक रसीले फल की तरह है। हम यह भी जानते हैं कि संजीवनी की तलाश करते समय उन्होंने सूर्य को अपने बग़ल में दबा लिया था या जैसा कुछ लोग कहते हैं, मुँह में रख लिया था। इसलिए हनुमान को वह शक्ति माना जाता है, जो हमारी नियति को, भाग्य को, क़िस्मत को बदल सकती है, ग्रहों की शक्ति को प्रभावित कर उनके नुक़सानदेह प्रभाव को दूर और फलदायक प्रभाव को सक्षम कर सकती है।

सूर्य भगवान भी हनुमान के गुरु हैं। हनुमान संसार में मौजूद सबकुछ सीखना चाहते थे। उन्हें सूर्य, जो सब देखते हैं, के पास जाने की सलाह दी गई। लेकिन सूर्य ने हनुमान का शिक्षक बनने से यह कहते हुए इनकार कर दिया कि वे दिनभर यात्रा में व्यस्त रहते हैं और रात में उन्हें आराम करना होता है और इसलिए उनके पास शिक्षा देने का वक़्त नहीं है। तब हनुमान, यह तय करते हुए कि सूर्य भगवान पूर्व से पश्चिम की अपनी रोज़ की यात्रा में जो भी सिखा सकते हों, सीखना है, उनके रथ के सामने लपटों से घिरे हुए उड़ना शुरू कर देते हैं। उनके इस दृढ़ संकल्प को देखकर सूर्य –जो हर ग्रह के स्वामी हैं– हनुमान को बहुत कुछ सिखाते हैं, जिनमें यह भी शामिल था कि ग्रहों, पौधों और जानवरों के ख़राब प्रभाव का सामना कैसे किया जाए। इसलिए, संकट के समय हम हनुमान की प्रार्थना करते हैं।

रामायण में, रावण एक महान ज्योतिष है। उसने ज्योतिष पर एक बड़ा आलेख 'रावण-संहिता' लिखा था। लेकिन उसने यह इसलिए किया कि वह सितारों और ग्रहों की चाल में हेरफेर कर भाग्य चमका सके। हनुमान को भाग्य की तलाश नहीं है। वे अपनी शक्ति से ग्रहों के बुरे प्रभाव को कम करते हैं। वे मनुष्य को शक्ति देते हैं, जिससे वह ग्रहों के बुरे प्रभाव से निबट सके। रावण के लिए सूर्य वह है, जिसे वह नियंत्रित करना चाहता है। हनुमान के लिए सूर्य एक खिलौना है, जो मनोरंजन देता है और एक गुरु है, जो प्रबुद्ध करता है।

चौपाई 19 : वानरपन

प्रभु मुद्रिका
मेलि मुख माहीं।
जलधि लाँघि
गये अचरज नाहीं।।

साथ राम की अँगूठी
आपके मुँह में।

चौपाई 19 : वानरपन

आप समुद्र फाँद गए
कितना अद्भुत है यह।

ज्ञानी और बुद्धिमान होना हनुमान को राम की अँगूठी को मुँह में डालने से नहीं रोकता, जब वे समुद्र फाँदने जा रहे थे। चीज़ों से जुड़े दुनियावी नियम हनुमान को नहीं समझ पाते। यह हमें उनके पशु होने की भी याद दिलाता है। उनका मन दर्पण उनके बचपन को जगाता है। यहाँ पर वे हमें भोलेनाथ की याद दिलाते हैं- शिव का निश्छल, निष्कपट रूप। हनुमान का यह रूप बहुधा बालाजी -बच्चे की तरह- के नाम से जाना जाता है।

हनुमान के विरोधाभासी गुण शिव के विरोधाभासी गुणों को प्रतिबिंबित करते हैं। दोनों ही बुद्धिमान और ताक़तवर हैं, लेकिन फिर भी दोनों ही दुनियावी तरीक़ों से पूरी तरह अनजान हैं। शिव भले ही तीनों लोकों को नष्ट कर सकते हों (इसीलिए उन्हें त्रिपुरांतक कहते हैं) और ऋषियों को वेदों और तंत्र का ज्ञान दे सकते हों (इसीलिए उन्हें दक्षिणामूर्ति कहते हैं), लेकिन वे यह नहीं जानते कि एक पति, एक पिता या एक दामाद की तरह व्यवहार कैसे करें। यह सब उन्हें उनकी पत्नी पार्वती सिखाती हैं। इसी तरह हनुमान, जो हाथ में पहाड़ उठाए और सूर्य को बग़ल में दबाए समुद्र फाँद सकते हैं, एक राजा की अँगूठी का मूल्य नहीं जानते। उन्हें नहीं समझ में आता कि इनसानों को उनका राम की अँगूठी को मुँह में रखना क्यों उचित नहीं लगा। 'मूल्य' की अवधारणा का अस्तित्व सिर्फ़ मनुष्यों के बीच होता है। पशुओं के लिए भोजन का मूल्य होता है। इंसानों के लिए कोई चीज़ हमारे द्वारा उसे दिए गए अर्थ के हिसाब से मूल्यवान होती है। अर्थ दिए जाने का कोई नियम आदि नहीं है। वह सांस्कृतिक होते हैं : लोगों के एक समूह का, लोगों के एक समूह द्वारा, लोगों के एक समूह के लिए, जिसका बाहरी लोगों और जो मानव नहीं हों, के लिए कोई अर्थ नहीं होता।

उदाहरण के लिए, भारत में जाति प्रथा के कठोर नियम लागू करने के लिए कुछ समुदायों के छू लेने, उनकी लार लग जाने और यहाँ तक कि परछाईं पड़ जाने से दूषित हो जाने की सोच और किसी समुदाय को शुद्धतम बताए जाने के लिए किसी दूसरे समुदाय को निकृष्टतम बताना। रामायण में लक्ष्मण, शबरी द्वारा चखे हुए बेर दिए जाने पर घबरा जाते हैं, लेकिन राम

को उन बेरों को खानेमें कोई दिक़्क़त नहीं होती, क्योंकि वे ऐसे सांस्कृतिक मूल्यों को पहचानते हैं जो सार्वभौमिक नहीं होते।

किसी संस्कृति में कोई बात महत्त्वपूर्ण हो सकती है और किसी दूसरी संस्कृति में वही बात महत्त्वहीन हो सकती है। लार के लगने से किसी चीज़ के अशुद्ध हो जाने वाली बात छंद में वहाँ निहित है, जहाँ हनुमान अँगूठी को अपने मुँह में रख लेते हैं। अँगूठी कोई ख़ास चीज़ नहीं है, वह बस एक निशानी है जिससे सीता समझ सकें कि यह संदेश राम ने भेजा है। जय हनुमान की चतुराई की, जो उन्होंने राम से कोई ऐसी वस्तु माँगी जिसे देख सीता उनके ऊपर भरोसा कर सकें, क्योंकि हनुमान समझ रहे थे कि एक क़ैद में सीता इतना असुरक्षित महसूस कर रही होंगी कि वो उन पर भरोसा न कर सकें। कवि के लिए राम की अँगूठी एक भाव विषय हो सकती है, लेकिन उस वानर के लिए नहीं जिसका ध्यान कुछ ज़्यादा व्यावहारिक है : राम के प्रेम को ढूँढ़ना और बचाना।

एक बार सीता ने हनुमान को मोतियों की एक माला दी। वे मोतियों को मूँगफली की तरह तोड़ रहे थे। अयोध्यावासी यह देख कर हँसने लगे और कहने लगे कि एक वानर भला मोतियों का मूल्य क्या समझेगा। जब हनुमान से इसका कारण पूछा गया, तो वे बोले, 'मैं उन्हें दाँत से इसलिए काट रहा था कि देख सकूँ कि राम उनमें रहते हैं। वे नहीं रहते, इसलिए ये मोती मेरे काम के नहीं हैं।' यह लोगों की समझ से परे था, क्योंकि राम जो सिंहासन पर बैठते थे, वे मोती के अंदर नहीं बैठ सकते थे। लेकिन हनुमान को उनकी इस बात और आत्मविश्वास पर बहुत आश्चर्य हुआ। उन्होंने अपना सीना फाड़ दिया और दिखा दिया कि उनके दिल में राम और सीता हैं। यह देखकर अचानक अयोध्यावासियों को समझ में आया कि हनुमान का तात्पर्य क्या था। उनके लिए वही वस्तु मूल्यवान थी, जो या तो खाना हो या जिसमें देवत्व हो। उनके लिए महँगी राजशाही मोतियों का कोई मूल्य नहीं था- क्योंकि जैसे राम करते थे, वैसे न तो मोतियों से शरीर और न ही दिमाग़ पोषित हो रहा था। मोतियों के होने से लोग अमीर हो सकते हैं। हनुमान का साथ होने से लोग यह महसूस कर सकते हैं कि राम होने का क्या अर्थ है।

चौपाई 19 : वानरपन

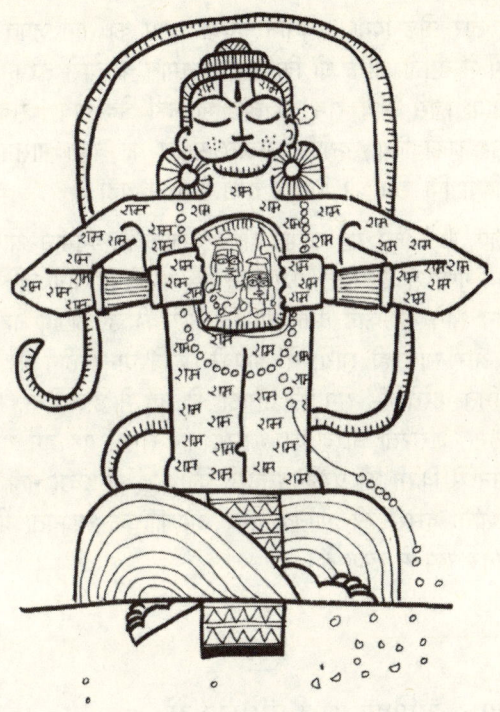

जिस तरह हम चीज़ों को मूल्य देते हैं, वैसे ही हम हाव-भाव को भी मूल्य देते हैं। जानवर सिर्फ़ दो तरह के हाव-भाव को पहचानता है- वह जो उसकी सुरक्षा को ख़तरा पहुँचाए, और वह जो उन्हें सुरक्षा का एहसास दिलाए। मनुष्यों में ऊँच-नीच तय किए जाने के लिए जटिल हाव-भाव होते हैं, जो हनुमान की समझ से परे हैं, क्योंकि उन्हें यह समझ ही नहीं आता कि जब राम को महसूस कर लिया, तब ऊँच-नीच तय किए जाने की क्या ज़रूरत है।

एक बार नारद ने हनुमान से कहा कि राम से मिलने आने वाले हर ऋषि-मुनि का वे अभिनंदन किया करें, सिवाय विश्वामित्र के, क्योंकि उन्हें अपने आगे किसी का झुकना पसंद नहीं है। हनुमान ने उनकी बात मान ली। वे यह नहीं समझे कि यह नारद की एक चाल है कि हनुमान और राम के बीच में दूरी पैदा कर दें। विश्वामित्र ने इसे अपना अपमान माना और यह माँग की कि इस वानर का वध किया जाए। तब राम ने धनुष उठाया और

हनुमान पर तीर छोड़ दिया। हनुमान चुपचाप राम का नाम जपते रहे- और राम के नाम में इतनी शक्ति थी कि उसने हनुमान के चारों तरफ़ ऐसा शक्ति क्षेत्र बना दिया जिसे स्वयं राम का तीर भी नहीं भेद पाया। सबने हनुमान के आगे सिर झुका दिया, क्योंकि उन्होंने संसार को बहुत मासूम तरीक़े से यह दिखा दिया कि राम का विचार राजा राम से बड़ा है।

इसलिए, जैसे-जैसे यह चौपाई दोहराई जाती है, हनुमान आपको अपने अविश्वसनीय गुणों से अचंभित किए जाते हैं- समुद्र को लाँघ जाने की उनकी क्षमता, अपने सीने को फाड़ देना, राम के तीर को उनका ही नाम जप कर रोक देना। और साथ ही साथ, वे आपको अपने वानर होने की मासूमियत से भी अचंभित करते हैं- राम की अँगूठी को मुँह में डाल देना, मोतियों को दाँत से तोड़ना, शरारती नारद पर भरोसा कर लेना। यह हमें याद दिलाता है कि हनुमान में किसी को प्रभावित करने की कोई भी इच्छा नहीं है। उनका ज्ञान और शक्ति दूसरों की भौतिक और आध्यात्मिक सहायता के लिए है; वरना वे वानर रूप में ख़ुश हैं।

चौपाई 20 : दक्षिण-पूर्व एशिया में

दुर्गम काज
जगत के जेते।
सुगम अनुग्रह
तुम्हरे तेते।।

सभी कठिन काम
इस दुनिया में।
आसान बनते हैं
आपकी कृपा से।

कुछ वर्षों पूर्व, भारतीय मीडिया में एक ख़बर ज़ोर-शोर से आई कि अमेरिका के पूर्व राष्ट्रपति बराक ओबामा अपनी जेब में कई अन्य चीज़ों के साथ

हनुमान का एक चित्र भी रखते हैं। ध्यान से देखने पर पता चला कि वह चित्र भारत के मंदिरों में स्थापित मूर्ति का नहीं है, बल्कि थाईलैंड में प्रचलित हनुमान का है। हिंदुओं को हनुमान की यह तस्वीर देखकर वैसी भावना नहीं आएगी, जैसी उन्हें भारत के हनुमान के चित्र से आती है।

जो भी हो, हनुमान हर किसी को परेशानी का सामना करने के लिए मनोवैज्ञानिक शक्ति देते हैं, जिसके कारण दिक़्क़त को दूर करना आसान हो जाता है। यहाँ तक कि हनुमान का साथ होने से निर्वासित राम वानरों की सेना खड़ी कर लेते हैं, समुद्र पार करने के लिए पुल बना लेते हैं, रावण और उसकी राक्षस सेना को परास्त कर देते हैं और सीता को बचा लेते हैं।

परेशानियों को दूर करने की हनुमान की क्षमता की कहानी दक्षिण पूर्वी एशिया, जिसे भारत स्वर्ण भूमि के नाम से जानता था, जाने वाले व्यापारिक जहाज़ों

के साथ भारत के बाहर भी पहुँच गई। ऐसा कहा जाता है कि लंबी समुद्री यात्राओं पर निकले नाविकों ने चमड़े की बनी गुड़िया से जहाज़ की पतवार पर छाया कठपुतली रामायण की कहानियाँ दिखाना विकसित किया था।

इसलिए भारत के तटीय क्षेत्रों और दक्षिण पूर्व एशिया के कई द्वीपों में यह कला आज भी नज़र आती है। थाईलैंड की पुरानी राजधानी का नाम अयुत्थाया, वहाँ की भाषा में अयोध्या था और राजाओं को राम का वंशज और अवतार माना जाता था। दक्षिण पूर्वी एशिया की रामायणों में मलेशिया की हिकायत सेरी रामा, बर्मा की याम जतदाव और थाईलैंड का राष्ट्रीय महाकाव्य रामकियेन शामिल हैं, जिनमें हनुमान वहाँ के रूप में मिलते हैं।

दक्षिण पूर्व एशिया के हनुमान और भारत के हनुमान में तीन अंतर हैं। पहला, रामायण वहाँ की स्थानीय बौद्ध कथाओं के साथ घुल-मिल जाती है। दूसरा, इन महाकाव्यों में हनुमान अधिक ताक़तवर और चालाक और मज़ेदार वानर हैं; राम के प्रति वफ़ादार, लेकिन ज़्यादा समझदार भक्त नहीं हैं, जिससे लगता है कि भारत से ये कहानियाँ वहाँ, भक्ति आंदोलन होने के पहले, कोई 1000 से अधिक वर्ष पूर्व पहुँच गई थीं। तीसरा, यह ज़रूरी नहीं है कि हनुमान को ब्रह्मचारी या योगी के रूप में दिखाया गया हो, वे एक आकर्षक, विलासी और एक शक्तिशाली योद्धा हैं, जो राक्षसों से लड़ता है और राक्षस महिलाओं, जिनमें रावण की बहन शूर्पणखा और पत्नी मंदोदरी शामिल हैं, की राक्षसी इच्छाओं को पूरा करने में सक्षम है।

वेदों में इंद्र और उनकी पत्नी इंद्राणी के बीच एक विशाल नर वानर वृषकपि, जो इंद्र का दोस्त है, को लेकर एक अश्लील बहस है। बहस का मुद्दा इंद्र के पुरुषत्व की कमी, वृषकपि के पुरुषत्व की अधिकता और इंद्राणी की अपूर्ण इच्छाएँ हैं। यह मुद्दा इंद्र का पुरुषत्व और इंद्राणी की प्रजनन क्षमता वापस लाने वाले वानर के बलिदान से ख़त्म होता है। कुछ लोग इससे यह सिद्ध करते हैं कि वैदिक वृषकपि ही रामायण में हनुमान का रूप लेता है। भारत जहाँ समाज हनुमान को अपनी इंद्रियों पर, भावनाओं पर और इच्छाओं पर नियंत्रण रखने वाला चाहता है, वहाँ उनकी बृहत कामुकता के विवरण को ख़ारिज़ कर दिया गया। जबकि, यह विचार शायद दक्षिण पूर्व एशिया पहुँच गया, जहाँ हनुमान अपनी विनोदपूर्ण कामुक हरक़तों के लिए जाने जाते हैं।

चौपाई 20 : दक्षिण-पूर्व एशिया में

हनुमान की बहुत सारी ऐसी कहानियाँ भी हैं, जो सिर्फ़ दक्षिण पूर्व एशियाई कथाओं में ही हैं। एक कथा में, वे मत्स्य रानी स्वर्णमच्छ, जो लंका पुल निर्माण को रोकना चाहती है, से युद्ध करते हैं। एक अन्य कहानी में, विभीषण की पुत्री बेनिया कई या बेंजकाया अपनी जादुई शक्ति से समुद्र तट पर बह आई मृत सीता बन जाती है। हनुमान शरारत को समझ जाते हैं और मृत शरीर का अंतिम संस्कार करना तय करते हैं। आग की लपट बढ़ने पर मृत शरीर अचानक ज़िंदा हो जाता है और वहाँ से भाग जाता है। जब रावण लंका पुल को तोड़ना चाहता है, हनुमान अपने आकार को बड़ा कर लेते हैं और अपनी पूँछ को इतना लंबा कि राम और वानर सेना आराम से लंका आ सके। ये कहानियाँ हमें याद दिलाती हैं कि कैसे हनुमान दूसरे देश में भी कठिनतम कार्य को आसान, यहाँ तक कि मज़ेदार बना देते हैं।

चौपाई 21 : द्वारपाल

राम दुआरे
तुम रखवारे।
होत न आज्ञा
बिनु पैसारे।।

राम के दरवाज़े को
आप रक्षक रूप में मिले हैं।
बग़ैर आपकी आज्ञा
इसे कोई पार नहीं कर सकता।

हिंदू पौराणिक कथाओं में देवताओं के द्वारपाल बहुत महत्त्वपूर्ण हैं। दरवाज़ा बाहर और अंदर, जंगली और घरेलू, प्रकृति और संस्कृति, दो दूरियों के बीच की दहलीज़ है। सुरक्षा गार्ड और सचिवों की तरह, द्वारपाल आंतरिक दुनिया की अखंडता को क़ायम रखते हैं। वे यह तय करते हैं कि मंदिर में देवता तक कौन पहुँचता है और कौन नहीं। उदाहरण के तौर पर, ओड़िशा स्थित पुरी के जगन्नाथ मंदिर में हनुमान बाहर खड़े हैं। लोगों का कहना है कि हनुमान समुद्र की आवाज़ तक को मंदिर में प्रवेश से रोकते हैं कि अंदर देवता परेशान न होने पाएँ।

द्वारपाल की उपस्थिति हमारा ध्यान भारतीय समाज की विशेषता : जातियों की सामाजिक-संरचना की तरफ आकर्षित करती है। सदियों से, भारत के एक निवासी की पहचान उस बड़े समुदाय से होती रही थी, जिससे उसका परिवार संबंधित हो। आमतौर पर, एक समुदाय के सदस्य एक पेशा अपनाते थे। हर जाति अपने को अलग रखती थी। दुनियाभर के आदिवासी समुदायों की तरह, बाहरी लोगों के साथ विवाह की अनुमति नहीं होती थी। इस तरह उनका ज्ञान-तंत्र, जो उनकी आय का साधन था, बचा रहता था। लगभग 500 साल पहले, भारत आने वाले यूरोपीय लोगों ने जाति के लिए 'कास्ट' शब्द का इस्तेमाल किया, क्योंकि उन्हें इस प्रथा में यूरोप के क़बीलों की झलक दिखी, जहाँ ख़ून की शुद्धता बहुत मायने रखती थी।

चौपाई 21 : द्वारपाल

आज भारत में 2000 से अधिक जातियाँ हैं। सदियों से लोग जिन्हें चार वर्णों (चतुर्वर्ण) में वर्गीकृत करना चाह रहे हैं, जिसमें सबसे ऊपर ब्राह्मण पुजारी, उसके बाद शक्तिशाली ज़मींदार, उसके बाद अमीर व्यापारी और बाक़ी इसके नीचे। लेकिन इस जाति प्रथा को जो चीज़ सबसे अलग बनाती है, वह आर्थिक या राजनीतिक ऊँचाई से नहीं बल्कि पवित्रता की अवधारणा से जुड़ी है : कुछ समुदाय आंतरिक रूप से पवित्र हैं (उदाहरण के लिए पुजारी), जबकि कुछ समुदाय आंतरिक रूप से ही अपवित्र हैं (उदाहरण के लिए द्वारपाल, कसाई)। अशुद्ध को मंदिरों, रसोइयों, यहाँ तक कि कुओं के पास जाने तक की मनाही थी। इसलिए, एक भव्य मंदिर में सिर्फ़ शुद्ध लोगों को अंदर गर्भगृह, जहाँ देवता की मूर्ति स्थापित होती है, जाने की अनुमति थी, जबकि अशुद्ध को बाहर रहना पड़ता था, दरवाज़े के बाहर, कई बार सड़क के भी पार।

जिन्हें मंदिर के अंदर जाने की अनुमति नहीं थी, उनका हनुमान के प्रति झुकाव होना स्वाभाविक था, क्योंकि वे मंदिर के बाहर स्थापित होते थे। अंदर बैठे राजसी राम, जिन तक बड़े लोगों की ही पहुँच होती थी, के बजाय हनुमान तक पहुँचना कहीं ज़्यादा आसान था।

पुजारियों द्वारा फैलाई गई वर्ण की शुद्धता और संत कवियों द्वारा समझाए गए आत्मा के सिद्धांत के बीच तनाव का पुराना हिंदू इतिहास है। बाद वाले सिद्धांत से वे उत्सव बने जिनमें भगवान नियमित रूप से रथों और पालकियों पर मंदिरों से बाहर निकल कर उन समुदायों से मिलते हैं, जिन्हें मंदिर के अंदर जाने की इजाज़त नहीं है। इससे यह भी हुआ कि बहुत से द्वारपाल काफ़ी कुछ मंदिर के भीतर स्थापित देवता की तरह दिखने लगे। यह जिन्हें इजाज़त नहीं थी, उन्हें आश्वासन देने के लिए था कि इंसान भले इंसान को जुदा कर दे, लेकिन भगवान किसी को जुदा नहीं करता।

वैकुंठ के द्वारपालों को जय और विजय कहते हैं। देवी के पवित्र उपवनों के द्वारपालों को माया और लाया कहते हैं। शिव का द्वारपाल और वाहन नंदी बैल है। हनुमान राम के द्वारपाल, संदेशवाहक, सचिव और बाहुबली हैं।

चौपाई 21 : द्वारपाल

एक बार रावण शिव से मिलने गया, लेकिन नंदी ने उसे दरवाज़े पर रोक दिया, क्योंकि शिव शक्ति के साथ थे और उन लोगों को अपना एकांत चाहिए था। रावण को इस तरह रोका जाना अच्छा नहीं लगा। वह बिना नंदी पर ध्यान दिए आगे बढ़ गया। जब नंदी ने रावण का रास्ता रोका, रावण ने नंदी को वानर कहा। नंदी को रावण का यह व्यवहार पसंद नहीं आया, क्योंकि वह तो अपना काम कर रहे थे। उन्होंने अभिमानी रावण को शाप दिया कि तुम्हारे विनाश का कारण वानर ही होंगे। ऐसा माना जाता है कि इसे पूरा किया जाने के लिए शिव के देवत्व का एक हिस्सा पृथ्वी पर हनुमान के रूप में अवतरित हुआ। शिव के द्वारपाल नंदी का बदला राम के द्वारपाल हनुमान ने रावण की द्वारपाल लंकिनी को हरा कर लिया।

अयोध्या में राम के महल के दरवाज़े का रक्षक हनुमान के होने के कारण, जब राम का अपने नश्वर शरीर को छोड़ बैकुण्ठ लौटने का समय हुआ, तब मृत्यु के देवता यम शहर के अंदर आने से डर रहे थे। अंततः, राम को दरवाज़े से हनुमान को हटाना पड़ा, ताकि यम अपना कर्तव्य निभा सकें। राम ने अपनी अँगूठी महल के फर्श की एक दरार में गिरा दी और हनुमान से उसे ले आने को कहा। हनुमान फर्श की उस दरार के अंदर चले गए, जहाँ उन्हें पता लगता है कि यह तो नागलोक में जाने की एक सुरंग

है। वहाँ उन्हें राम की अँगूठियों का एक पहाड़ मिलता है। वे सोच में पड़ जाते हैं कि आख़िर राज़ क्या है। इस पर नागों के राजा वासुकी ने कहा, 'दुनिया भी हर जीवित प्राणी की तरह, जीवन और मृत्यु के चक्र से गुज़रती है। जैसे हर जीवन की युवावस्था होती है, वैसे ही संसार का त्रेता युग है, जब राम का शासन होता है। इस युग में हर बार भूलोक से एक अँगूठी नागलोक में गिरती है, जिसके पीछे एक वानर आता है और वहाँ ऊपर राम की मृत्यु हो जाती है। यहाँ जितनी अँगूठियाँ हैं, उतने ही राम और हनुमान हैं। कुछ भी हमेशा नहीं रहता। लेकिन जो जाता है, वापस अवश्य आता है।'

उत्तर भारत में, शेर की सवारी वाली देवी शेरांवाली की अवतार अनेक पहाड़ों वाली देवियों के मंदिर के रक्षक भैरव देवता और लंगूर देवता हैं, जिनमें से पहला वाला एक भाँग पीने वाले बच्चे की तरह दिखता है और बाद वाला एक दूध पीने वाले वानर की तरह। इन दोनों देवों में नियंत्रित-पुरुषत्व, ब्रह्मचर्य और योग समाहित हैं। आजकल बहुत सारे लोग लंगूर देवता को हनुमान मानते हैं।

चौपाई 22 : क़िस्मत के रखवाले

सब सुख
लहै तुम्हारी सरना।
तुम रच्छक
काहू को डरना।।

सभी सुख
आपकी शरण में उपस्थित हैं।
आपके रक्षक होने पर
यहाँ कोई डर नहीं है।

ये पंक्तियाँ हनुमान से इनसान की प्राथमिक ज़रूरत, आश्रय और संरक्षण माँग रही हैं। भारत के हर गाँव का एक रक्षक भगवान (वीर) होता था, जो गाँव

को जंगली जानवरों और हमलावरों जैसे ख़तरे से बचाता था। यह देव या देवी आवासीय क्षेत्र की रक्षा करता या करती थी (क्षेत्रपाल)। हनुमान क्षेत्रपाल प्रथा से आते हैं। वे सुग्रीव को संरक्षण देते हैं और राम को संरक्षण देते हैं और अयोध्या को भी संरक्षण देते हैं।

अधिकतर धर्मों में किसी देव को समर्पित होना और उसका आश्रय चाहना प्रचलित है। हालाँकि इसके कारण अलग-अलग हैं। एक बौद्ध, बुद्ध को इसलिए समर्पित (शरणम) होता है, क्योंकि वह दुख की दुनिया से मुक्ति चाहता है। एक ईसाई, ईसा मसीह के प्रेम मैं आश्रय चाहता है, क्योंकि वह पाप का रास्ता छोड़ कर भगवान के पास आना चाहता है। एक मुसलमान अल्लाह को समर्पित होता है और वादा करता है कि वह उनके अंतिम नबी मुहम्मद के द्वारा दिए गए उनके आदेशों को मानते हुए जीवन बिताएगा। इन्हीं विचारों ने हिंदू धर्म के भक्ति काल में समर्पण के बारे में बताया।

एक हिंदू भक्त अपने आप को या तो राम या राम जिनकी पूजा करते हैं : शिव या शक्ति या फिर राम की पूजा करने वाले हनुमान को समर्पित (शरणागत) करता है। जिसकी पूजा (आराधना) की जा रही है, वह ज़रूरत और मन के हिसाब से ये सब हो सकते हैं या एक के बाद एक, बारी-बारी से सब हो सकते हैं। इस भ्रम का कारण यह है कि हिंदू धर्म अन्य धर्मों और सिद्धांतों की तरह न तो एकेश्वरवादी है और न ही एकेश्वरवादी होना चाहता है। वह लोगों की अलग-अलग ज़रूरतों को समझता है और इसलिए अलग-अलग लोगों के लिए अलग-अलग देवता को भी, जिनके अलग-अलग रूपों को परमात्मा के अनंत अवतारों में से एक माना जाता है।

हिंदू धर्म में समर्पण का अर्थ बौद्ध या ईसाई या इस्लाम की तरह किसी एक सिद्धांत या नियमों की किसी एक पद्धति का पालन किया जाना नहीं होता। इसका अर्थ परमात्मा की इच्छा को समर्पित होना है, जिसका मतलब भक्तिकाल के पहले, जो भी है कर्म के अनुसार है, को समर्पित होना था। यदि जैसा हम चाहते हैं वैसा हो, तो भगवान की कृपा (हरि कृपा)। यदि जैसा हम चाहते हैं वैसा न हो, तो भगवान की इच्छा (हरि इच्छा)। हरि, भगवान विष्णु का ही एक और नाम है। यह वानर का भी एक पर्यायवाची है। और वानर परेशान इंसानी दिमाग़ को दर्शाता है।

चौपाई 22 : क़िस्मत के रखवाले 95

पश्चिमी विद्वानों ने पश्चिमी धर्मों को दिमाग़ में रख कर नास्तिकता की विचारधारा के साथ हिंदू धर्म को कई दफ़ा ऐसे दिखाया है, जैसे हिंदू निष्ठा (भक्ति) एक सामंतवाद है, जिसमें भगवान कोई मालिक हो। वे ईश्वर के साथ प्रेम की बड़ी उपस्थिति को नज़रअंदाज़ किए देते हैं, जैसे एक शिशु के साथ माता-पिता का 'वात्सल्य', जैसे प्रेमी और प्रेमिका का 'माधुर्य भाव', जैसे दोस्त का साथी के साथ 'सखा भाव'। भक्ति दरअसल भक्त को दिव्य से जोड़ने वाला एक भावनात्मक पुल है। ज़रूरी नहीं है कि ईश्वर हमेशा सत्ता की स्थिति में हो : वह एक नटखट बच्चा भी हो सकता है, एक भोला साधु, चपल वानर, जिससे भक्त अलग अलग भूमिका उठाने वाला बनता है : अभिभावक की या एक दोस्त की। हनुमान एक ही समय में अद्‌भुत भी और वानर हरक़त (कपित्व) से नादान भी हो सकते हैं। अधिकतर गैर-हिंदू धर्मों में ईश्वर का यह बाद वाला रूप नहीं नजर आता।

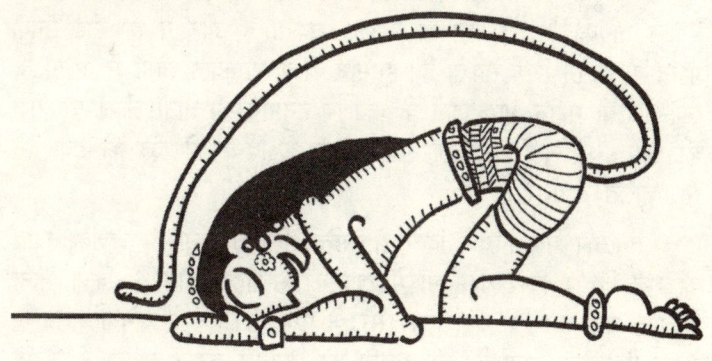

अगर इन पंक्तियों को ध्यान से देखा जाए, तो हमें समझ आता है कि देवता, भक्त के लिए काम करता है। भक्त समर्पित हो जाता है और तब भक्त की ख़ुशी और सुरक्षा की ज़िम्मेदारी देवता की होती है। इसलिए इस छंद में सुरक्षा एक तरह से ईश्वर का डरे और भटके भक्त को सुकून देने वाला आत्मिक आलिंगन है। दिव्य शक्ति का यह भावनात्मक पहलू उसके क़द को ग्राम-रक्षक और उपज देवता से ऊँचा बना देता है। वह सांसारिक, आत्मिक, ईश्वरीय बन जाता है। वह भक्त को यह महसूस कराता है कि भले ही उसके साथी इनसानों को उसकी परवाह नहीं हो, लेकिन कोई ईश्वरीय शक्ति है जो उसे देख रही है। इस तरह भक्त को अर्थ मिल जाता है।

चौपाई 23 : तीन लोक

आपन तेज
सम्हारो आपै।
तीनों लोक
हाँक तें काँपै।।

आपकी महिमा
सिर्फ आप सँभाल सकते हैं।
तीनों संसार
आपके गर्जन पर काँपते हैं।

यह छंद हनुमान में अवतरित तेजस्व और उनके गर्जन की महिमा कह रहा हैं। न तो कोई उनके तेज को सँभाल सकता है और न ही कोई उनके गर्जन के सामने टिक सकता है। हनुमान अन्य शक्तिवान लोगों से अलग हैं, क्योंकि ऐसी महान शक्ति होने के बावजूद हनुमान की तीनों लोकों पर राज की कोई इच्छा नहीं है। उनकी शक्ति, राम के विचार में ख़ुद को डुबा देने से संतुलित रहती है।

तंत्र का मूल विचार दिव्य से शक्ति (सिद्धि) पाना है, जबकि वेदांत का मूल विचार दिव्य परमात्मा में ख़ुद को समाहित (समाधि) किया जाना है। हिंदू धर्म के ये दो अंग एक-दूसरे के पूरक हैं। तंत्र में दुनिया शक्ति है; वेदांत में दुनिया माया हैं। तंत्र प्रकृति पर नियंत्रण करना चाहता है; वेदांत श्रेष्ठता चाहता है। तंत्र हमें पृथ्वी और उसके नीचे के संसार से बाँधता है, जबकि वेदांत हमें पृथ्वी से उठा ऊपर के संसार की ओर ले जाता है। हनुमान की कहानियाँ पृथ्वी के नीचे अँधेरे क्षेत्रों से आकाश के ऊपर उजले क्षेत्रों तक फैली हैं। दूसरे शब्दों में, वे तांत्रिक और साथ ही साथ वेदांतिक, दोनों ही फलकों पर मौजूद हैं और तंत्र व वेदांत, दोनों के अनुयायियों द्वारा प्यार किए जाते हैं, जो अन्यथा एक-दूसरे के विरोधी हैं। इन दो परस्पर विरोधी दुनियाओं के बीच भक्त को दिव्य से, स्वयं को दूसरे से जोड़ने वाला भावनात्मक पुल, भक्ति की दुनिया है।

तीन लोक होने का विचार वेदों और पुराणों में मिलता है, लेकिन दोनों में बहुत अंतर है। वेदों में ये तीन संसार पृथ्वी, आकाश और इन दोनों के बीच का वातावरण है। इंद्र पृथ्वी और आकाश को अलग करता है और तीन दुनिया बनाता है। उसका छोटा भाई विष्णु, तीन क़दमों में तीनों संसार को पार कर सकता है और इसलिए उसे त्रिविक्रम, यानी तीनों लोकों को जीतने वाला कहा जाता है। वेदों में भगवान वर्गीकृत हैं : वे जो पृथ्वी पर रहते हैं (उदाहरण के लिए, अग्नि)। वे जो आकाश में रहते हैं (उदाहरण के लिए,सूर्य) और वे जो इन दोनों के बीच रहते हैं (उदाहरण के लिए, पवन)।

वहीं दूसरी तरफ़, पुराणों में तीन संसार पृथ्वी, आकाशीय स्वर्ग, यानी देवताओं का घर और नीचे की दुनिया पाताल, नागों और असुरों का घर। शुरुआत में, नीचे की दुनिया पाताल के बारे में कोई नकारात्मक बात नहीं थी। ये दोनों बस अलग-अलग थे। लेकिन धीरे-धीरे संभवतः ईसाई या इस्लाम के प्रभाव से, समाज का दुनिया को देखने का नज़रिया रेखीय होता चला गया। देवताओं को अच्छी शक्तियों की तरह देखा जाने लगा, जबकि असुरों को बुरी शक्तियों की तरह। देवताओं को वेदांत से जोड़ा जाने लगा, जबकि असुरों को तंत्र से। पाताल की नरक से और आकाशीय दुनिया की स्वर्ग से बराबरी की गई।

पाताल को किन अलग-अलग रूपों में देखा जाता था, इसका विवरण दो अद्भुत रामायणों में दिखता है- एक असमिया और एक संस्कृत। दोनों को ही तकरीबन 500 साल पहले लिखा गया था।

असमिया अद्भुत रामायण में, हनुमान पृथ्वी के नीचे स्थित नाग लोक, साँपों के साम्राज्य में लव और कुश, जिनका अपने बच्चों की याद में डूबी सीता के कहने पर, नागों के देवता वासुकी ने अपहरण कर लिया है, को छुड़ाने के लिए प्रवेश करते हैं। यह कहानी रामायण के अंतिम अध्याय के एक स्थानीय पुनर्पाठ से आती है, जिसमें अयोध्या की सड़कों पर सीता और रावण के संबंधों पर होने वाली अफ़वाहों के कारण राम को गर्भवती सीता को जंगल भेजना पड़ता है। यह अध्याय राम के अधिकांश भक्तों को परेशान करता है। अपने दो जुड़वाँ पुत्रों, लव और कुश का पालन-पोषण सीता अकेले करती हैं। वे उन्हें अपने पिता के पास जाने भी देती हैं, लेकिन ख़ुद अयोध्या लौटने से इनकार कर देती हैं और पृथ्वी की पुत्री होने के कारण

चौपाई 23 : तीन लोक

पृथ्वी के नीचे चली जाती हैं। लेकिन वहाँ उन्हें अपने बच्चों की याद आती है और वे चाहती हैं कि वासुकी उन्हें भूलोक से नागलोक में ले आए। इस पर हुए युद्ध के बाद एक समझौता होता है। बच्चे पृथ्वी पर लौट आते हैं और सीता उनसे और उनके पिता से गुप्त रूप में मिलने का वचन देती हैं। इस तरह हनुमान के कारण अयोध्या के राजपरिवार का पुनर्मिलन होता है।

सीता के जंगल में होने पर हनुमान द्वारा उन पर नज़र रखे जाने की बात रामायण के अंतिम अध्याय के कई क्षेत्रीय पुनर्पाठों में दिखती है। वे वानर रूप धर कर लव और कुश से खेलते हैं, उनका ध्यान रखते हैं, उन्हें खाना देने के अलावा जंगल के राज़ बताते हैं। सिर्फ़ सीता को ही पता है कि वे असल में क्या चाह रहे हैं।

संस्कृत की अद्भुत रामायण, जो भारत के उत्तरी हिस्से जिसे तंत्र को मानने वालों के लिए जाना जाता है, के रामायण के अंतिम अध्याय के पुनर्पाठ पर आधारित है। हनुमान पाताल में जाते हैं, लेकिन वहाँ उनका सामना नागों से नहीं, बल्कि काली की पूजा करने वाले असुरों, राक्षसों और पिशाचों से होता है, जो मानव बलि देते हैं और टोना-टोटका करते हैं।

इस रामायण में रावण अपने भाई, मायावी शक्ति प्राप्त महिरावण का आह्वान करता है। फिर वह राम और लक्ष्मण का काली या भैरवी को बलि

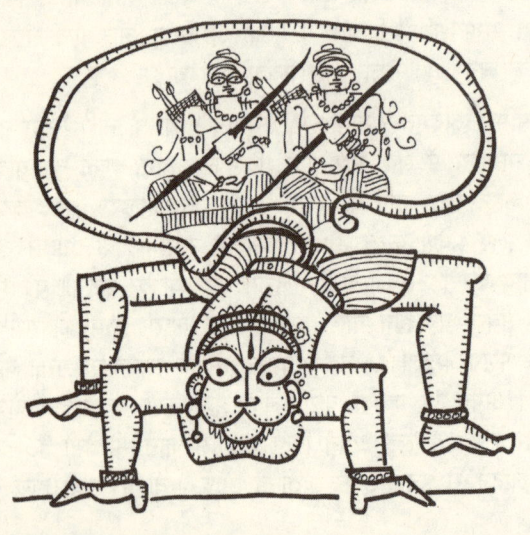

चढ़ाने के लिए अपहरण करता है। पिछले छंदों में हमने हनुमान को एक द्वारपाल और एक अभिभावक तथा शरण देने वाले के रूप में जाना है। अद्‌भुत रामायण में, हनुमान अपनी पूँछ से एक क़िला बनाते हैं, जिसमें राम और लक्ष्मण सुरक्षित रह सकें। वे किसी को अंदर नहीं जाने देते। लेकिन महिरावण किसी तरह उन्हें चकमा देकर दोनों भाइयों का अपहरण कर उन्हें पृथ्वी के नीचे एक ऐसी जगह ले जाता है, जहाँ न सूरज है और न हवा।

पाताल के दरवाज़े पर हनुमान को एक द्वारपाल मिलता है, जो आधा वानर है और आधा मछली। वह उन्हें अंदर जाने से मना कर देता। हनुमान को एहसास होता है कि उन्हें उनकी तरह का कोई मिला है। 'तुम कौन हो?' वो पूछते हैं। द्वारपाल ख़ुद को हनुमान का पुत्र बताता है। ऐसा कैसे हो सकता है, हनुमान सोच में पड़ जाते हैं, क्योंकि वे तो ब्रह्मचारी संन्यासी हैं। तब वो योद्धा बताता है कि उसका जन्म उस मछली से हुआ, जिसने लंका के लिए उड़ते हनुमान की समुद्र में गिरने वाली पसीने की बूँद को गटक लिया था। जब हनुमान उसे बताते हैं कि वे कौन हैं, तो उनका बेटा उन्हें झुक कर प्रणाम करता है और उस भूमिगत क्षेत्र के रहस्य को बता कर आगे जाने देता है।

हनुमान पाताल में प्रवेश करते हैं, भूतों और पिशाचों को परास्त करते हैं और महिरावण को चकमा दे अंततः उसका सिर धड़ से अलग कर देते हैं। इससे काली प्रसन्न होती हैं। हनुमान उनसे मानव बलि की माँग कभी न करने को कहते हैं। काली इस शर्त पर तैयार होती हैं कि राम के पृथ्वी त्यागने के बाद हनुमान उनके पास आ जाएँ। हनुमान मान जाते हैं।

यह कहानी अलग-अलग तरह से कही गई है। एक कहानी में महिरावण के पुत्र अहिरावण को ख़त्म करने के लिए हनुमान को एक साथ पाँच दिशाओं में जल रहे पाँच दीपकों को बुझाना होता है, जिसे वे चार अतिरिक्त सिर से करते हैं- एक गरुड़ का, एक घोड़े का, एक शेर का, और एक जंगली वराह का। हनुमान का यह पाँच मुख वाला रूप उन्हें राम के साथ वाले भगवान से एक अपने आप में स्वतंत्र भगवान बनाता है। दूसरे शब्दों में, यह कहानी राम पर निर्भर रहने वाले हनुमान को राम के निर्भय रहने योग्य हनुमान, देवता से भगवान, रामदास से महाबली, कार्यकर्ता से कर्ता में बदल देती है, क्योंकि वे राम के निर्देश पर नहीं बल्कि अपने उपक्रम से निर्णय लेते हैं।

वे हनुमान जो पाताल में गए थे, यानी पाताली हनुमान उनका एक विशेष स्वरूप है, जिसका आह्वान जादू-टोने से सुरक्षित रहने के लिए किया जाता है। पाताली हनुमान के मंदिर बहुधा देवी के मंदिर के निकट होते हैं। मध्यप्रदेश में इंदौर के निकट उलटे हनुमान का एक मंदिर है, क्योंकि ऐसा माना जाता है कि पाताल में सबकुछ उलटा होता है।

चौपाई 24 : भूत भगाएँ दूर

भूत पिसाच
निकट नहिं आवै।
महाबीर
जब नाम सुनावै।।

भूत और पिशाच
पास नहीं आते।
हनुमान का नाम
जब वो सुनें।

डरने या बेचैन होने पर पढ़ी जाने वाली ये पंक्तियाँ निःसंदेह हनुमान चालीसा की सबसे प्रसिद्ध पंक्तियाँ हैं। ऐसा कहा जाता है कि ये भूतों और आत्माओं को भगा देती हैं, या कम से कम जिसे हम भूत या आत्मा समझते हैं उसका सामना करने की शक्ति देती हैं।

आधुनिक मनोविज्ञान और चिकित्सा के पहले, दुनियाभर में दिमाग़ी परेशानियों का कारण भूतों और आत्माओं को माना जाता था। इसलिए यह छंद अपसामान्य घटना से भी उतना ही जुड़ा है, जितना मनोवैज्ञानिक चिकित्सा से। भूतों में विश्वास रखने वालों का मानना है कि इसे सुनकर भूत भाग जाते हैं। भूतों को आंतरिक भय की बाहरी अभिव्यक्ति मानने वालों का कहना है यह छंद दिमाग़ को आंतरिक भय दूर करने की शक्ति देता है। यह अकारण नहीं है कि 'भूत' का अर्थ 'बीता हुआ समय' भी होता है।

चौपाई 24 : भूत भगाएँ दूर 101

विभिन्न संस्कृतियों में भूत विभिन्न प्रकार के माने जाते हैं। ग्रीक मिथकों में, ज़िंदा इंसान जिसने मौत को मात दी हो, उसके पहलू को भूत मानते हैं। भूतों को जीवित दुनिया से स्टिक्स नदी के पार मृतकों की दुनिया में जाना पड़ता है। जिनसे यह यात्रा नहीं हो पाती, वे ज़िंदा लोगों का जीना अपनी अपूर्ण इच्छाओं के लिए शोक, चीख़-पुकार, रोने-धोने से दूभर किए देते हैं। ईसाई पौराणिक कथाओं में, भूत की जगह आत्मा (सोल) शब्द का प्रयोग किया गया है। मृत्यु के बाद रूह पर्गेटरी में अंतिम निर्णय का इंतज़ार करती है। ईश्वर उसके द्वारा किए गए कामों के अनुसार स्वर्ग में ले जाता है या उसे नरक में धकेल दिया जाता है। पर्गेटरी से बच निकल बाहर आ गई रूह पृथ्वी पर लोगों को परेशान करती है और उसे ईश्वर का नाम लेकर दूर किया जाता है।

हिंदू धर्म में पुनर्जन्म पर विश्वास किया जाता है। पौराणिक कथाओं के अनुसार, जीवित और मृतकों की दुनिया के बीच वैतरणी नदी बहती है, जिसके दोनों तरफ़ से आत्माओं का निरंतर आवागमन होता रहता है। मृतकों की दुनिया में रहने वालों को पितृ या पूर्वज कहा जाता है। जीवित लोगों की दुनिया में किसी कारण फँस गया मृतक प्रेत बन जाता है, जिसे बोलचाल की भाषा में भूत कहा जाता है। वह जीवित लोगों को परेशान करता है। वह अपने उचित मरणोपरांत अनुष्ठान और पुनर्जन्म के लिए तड़पता है। कुछ प्रेत पितृ बनने से इनकार कर देते हैं, क्योंकि वे चाहते हैं कि उनकी अधूरी इच्छाएँ पूरी किए जाने का आश्वासन जीवितों के द्वारा मिल जाए। बाकी प्रेत पितृ बनने से इसलिए इनकार कर देते हैं, क्योंकि उन्हें लग रहा होता है कि उनके साथ अन्याय हुआ है। उदाहरण के तौर पर, हिंसा में मृत्यु हो गई व न्याय चाह रहे होते हैं। कुछ प्रेत वे लोग होते हैं, जिनकी मृत्यु यात्रा में हो जाती है और रिश्तेदारों को पता नहीं चलने के कारण वैतरणी पार होने के लिए आवश्यक संस्कार नहीं किए जाते हैं।

पिशाच या वेताल भूत और प्रेत नहीं होते हैं। वे ब्रह्मा के पुत्र कश्यप द्वारा जन्मी गई अनेक संतानों के समूह देव, असुर, राक्षस, यक्ष, नाग, गरुड़, गंधर्व, अप्सरा और किन्नर में से एक हैं। उन्हें दिन से ज़्यादा रात पसंद होती है। एकांत में पेड़ों में लटके होते हैं और श्मशान को पसंद करते हैं। वे एक गुप्त भाषा पैशाची बोलते हैं। जंगल में यात्रियों को आकर्षित कर उनके मांस

और डर का आनंद उठाते हुए, उन्हें ज़िंदा खा जाते हैं। वे किसी सोए हुए प्राणी के साथ यौन संबंध बना सकते हैं और ऐसा व्यक्ति उठने पर पागल हो जाता है; यही कारण है सोए हुए इनसान के साथ बनाए गए यौन संबंध को पैशाची मैथुन कहते हैं।

हिंदू श्मशान घाट में जीवितों की प्रेतों और पिशाचों से रक्षा के लिए शिव और हनुमान की प्रतिमा लगाई जाती है। लोककथाओं में, हनुमान के पिता केसरी या वायु की एक बिल्ली पत्नी थी, जिसने भूतों के देव प्रेत-राजा, जिसे कुछ लोग यम भी कहते हैं, को जन्म दिया था। प्रेत-राजा का सौतेला भाई होने के कारण हनुमान का आह्वान उन नकारात्मक और अशुभ ताक़तों से छुटकारा पाने के लिए किया जाता है, जो भूत और पिशाच से पीड़ित मनुष्यों

चौपाई 24 : भूत भगाएँ दूर

को कष्ट देती हैं। राजस्थान के बालाजी हनुमान का मेहँदीपुर मंदिर एक ऐसा मंदिर है, जिसे तंत्र की इस विधा के लिए जाना जाता है।

ऐसी लोककथाएँ भी हैं, जिनमें जादू-टोना करने वाला व्यक्ति भटक रहे प्रेतों या पिशाचों को पकड़ सकता है और उनसे अपने मन मुताबिक़ काम करा सकता है। इसलिए प्रेत और पिशाच भी, जिन्होंने हनुमान की शक्ति का सामना पाताल में किया था, ऐसे जादू-टोना करने वालों से अपनी रक्षा के लिए पाताली हनुमान की पूजा करते हैं।

तांत्रिक कथाओं में, श्मशान घाट में प्रेतों पर सवार चामुंडा को पिशाचों के दल के साथ दिखाया जाता है। भुवनेश्वर, ओड़िशा के वैताल देउल में उनके इस रूप की पूजा की जाती है। यहाँ भयावह दृश्य लोगों को पागल बना देगा, अगर वे शिव और हनुमान से रक्षा नहीं माँगते।

यह छंद कह रहा है कि हनुमान के नाम का जाप बाहरी अशुभ ताक़तों से बचाता है। दिव्य के आह्वान के लिए उसका नाम जपना भक्तिकाल में एक लोकप्रिय तरीक़ा बन गया। वैदिक काल में ईश्वर के आह्वान के लिए ब्राह्मण को संस्कृत श्लोकों को, उनके जटिल उच्चारण को और अर्थ को जानना पड़ता था और फिर उनका जाप उचित समय, उचित मुद्रा और उचित अनुष्ठान के साथ करना पड़ता था। लेकिन समय के साथ-साथ और भक्ति के उदय से लोगों ने पुजारियों के इन जटिल तरीक़ों को छोड़ दिया और यह माना जाने लगा कि विश्वास होना ही देव के आह्वान के लिए काफ़ी है। भरोसा व्यक्त करने के लिए देवता पर बस ध्यान केंद्रित किया जाता था। देवता का नाम या नामों का समूह या देवता को समर्पित बीज मंत्र जपने ने इसमें मदद की।

हम में से बहुत आभा या वह ऊर्जा क्षेत्र जो हर चीज़ के चारों ओर होता है, पर विश्वास करते हैं। हर किसी में एक आभा निहित होती है, लेकिन वह समय के साथ घटती जाती है। इसकी पूर्ति बाहर से और साथ ही साथ अंदर से की जा सकती है। प्रार्थना और विश्वास से- ख़ासकर इनसान इसकी पूर्ति भीतर से कर सकता है। मगर ऐसे लोग भी हैं, जो अपनी आभा को स्वयं नहीं प्राप्त कर पाते, इसलिए वे बाहरी यंत्रों, जैसे- तावीज़, क्रिस्टल, रत्न, मोती और कपड़े का सहारा लेते हैं। फिर ऐसे लोग भी हैं, जो शिकार पर शिकारी की तरह दूसरों की आभा का इस्तेमाल करते हैं। ऐसे शिकारियों से बचने के लिए, अपने चारों ओर सुरक्षा चक्र बनाने के लिए, सामाजिक

आघात, मनोवैज्ञानिक कष्टों और अपसामान्य घटनाओं का सामना करने के लिए, उससे आई मानसिक शक्ति में कमी को पूरा करने के लिए, स्वास्थ्य और सामंजस्य को दोबारा ठीक करने के लिए, हनुमान का नाम मात्र जपने से कोई भी सकारात्मक ऊर्जा का आह्वान कर सकता है।

चौपाई 25 : दुःख करें दूर

नासै रोग
हरै सब पीरा।
जपत निरंतर
हनुमत बीरा।।

हर बीमारी
और दर्द जाए।
जब कोई लगातार
आपका नाम जपे।

अगर पिछला छंद मानसिक स्वास्थ्य और अपसामान्य घटनाओं पर केंद्रित था, तो यह छंद शारीरिक स्वास्थ्य पर केंद्रित है। पहलवानों के संरक्षक देवता और पराक्रमी योद्धा हनुमान को अच्छा स्वास्थ्य देने वाला और बीमारियों व दर्द से छुटकारा दिलाने वाला माना जाता है।

स्वास्थ्य और चिकित्सा की पारंपरिक भारतीय पद्धति आयुर्वेद से हनुमान का नज़दीकी संबंध है। आयुर्वेद के अनुसार, स्वास्थ्य पानी (कफ), आग (पित्त) और वायु (वात) के पारस्परिक संबंध का नतीजा होता है। इनके असामंजस्य से बीमारी पैदा होती है। वायु के पुत्र हनुमान सामंजस्य बनाए रखने में सहायता देते हैं।

योग से हनुमान का नज़दीकी संबंध है, जिससे योग सूत्र के अनुसार भूख, असुरक्षा, और कल्पना से उलझा दिमाग़ सुलझ जाता है। डॉक्टरों को इस बात का हमेशा से पता रहा है कि अनिद्रा, त्वचा पर पड़ने वाले चकत्ते,

चौपाई 25 : दुःख करें दूर

एलर्जी, अस्थमा, उच्च रक्तचाप और अपच जैसी कई शारीरिक बीमारियाँ वास्तव में मनोदैहिक -जिसकी शुरुआत मस्तिष्क से हो- हैं, इसलिए बेचैन और डरे हुए दिमाग़ को आराम देने के लिए तालबद्ध तरीक़े से दोहराई जाने वाली गतिविधि, जैसे- ईश्वरजाप अनावश्यक विचारों को थाम देता है और कई बीमारियों को भी दूर करता है।

दिमाग़ की यह सुलझन साँस लेने के अलग-अलग आयामों और शरीर की मुद्राओं से पाई जा सकती है। साँसों के व्यायाम, प्राणायाम से हनुमान का संबंध है। प्राणायाम यह निश्चित करता है कि ख़ून को उचित ऑक्सीजन मिले और मानसिक तनाव भी दूर हो। उनका संबंध शारीरिक मुद्राओं, आसन से है, जिनका आविष्कार हनुमान ने एक पेड़ से दूसरे पेड़ पर कूदते और जंगली जानवरों की नक़ल उतारते हुए किया था। आसन शरीर के जोड़ों, मांसपेशियों, और स्नायु रज्जु को मज़बूत बनाता है, साँसों से लयबद्ध होकर किए जाने पर यह रक्त के ऑक्सीजनीकरण को प्रभावित करता है और बेचैन दिमाग़ को शांति दे सकता है।

अपने गुरु, सूर्य भगवान के सम्मान में हनुमान ने सूर्य नमस्कार को बनाया था। उन्होंने महाराष्ट्र में लोकप्रिय मलखंभ के शारीरिक अनुशासन को भी बनाया था। जिस तरह पेड़ पर वानर चढ़ता-उतरता है, मलखंभ में लड़के और लड़कियां एक खंभे पर चढ़ते और उतरते हैं। इससे लचीलापन

और चुस्ती-फुर्ती बढ़ती है। अशांत और उपद्रवी दिमाग़, शरीर में हानिकारक हार्मोन और रसायन पैदा करता है। जाप की क्रिया ऐसे दिमाग़ को शांत करने में महत्त्वपूर्ण भूमिका निभाती है।

संजीवनी से हनुमान का संबंध होना उन्हें हर जड़ी-बूटी से जोड़ता है, जिनसे बड़ी से बड़ी जानलेवा बीमारियों का इलाज होता है। मरणासन्न लक्ष्मण को बचाने के लिए हिमालय से हनुमान जिस द्रोणागिरी पर्वत को लाए थे, उसके बारे में कहा जाता है कि वह विभिन्न औषधीय जड़ी-बूटियों का स्रोत है। उड़द की दाल, तिल और मक्खन से तैयार जो प्रसाद उन्हें चढ़ाया जाता है, वह प्रोटीन और वसा में समृद्ध होता है, जो बीमारियों से लड़ने, चयापचय (मेटाबोलिज्म) दुरुस्त रखने और जोड़ों को चिकनाई देने के लिए ज़रूरी होता है। मंदिरों में उन्हें चढ़ाए जाने वाले मदार की पत्तियाँ और फूल इस बात की याद दिलाते हैं कि वे बड़े से बड़े विष का सामना कर सकते हैं, कि हनुमान सभी विष-नाशकों का अवतार हैं।

चौपाई 26 : दिव्य के साथ मिलाना

संकट तें
हनुमान छुड़ावै।
मन क्रम बचन
ध्यान जो लावै।।

समस्याएँ
हनुमान दूर करते हैं।
जब दिल, काम और बोल
उनपर एकाग्र होते हैं।

इस छंद में हमें यह पता चलता है कि हमें हनुमान की कृपा कैसे मिल सकती है। वे हमारी समस्या को दूर कर देंगे, बशर्ते हम मस्तिष्क, क्रिया और वाणी को एक सुर में लाएँ और हनुमान पर केंद्रित हो ध्यान लगाएँ।

चौपाई 26 : दिव्य के साथ मिलाना

यहाँ असली शब्द ध्यान है। इसका अर्थ एकाग्रता है और जो योग क्रिया का एक हिस्सा है और एक प्रकार का मानसिक व्यायाम है। बौद्धधर्म के पूर्वी देशों में प्रसार के साथ चीन में यह शब्द चान और जापान में जेन हो गया।

एकाग्रता वैदिक अनुष्ठानों का हिस्सा हो सकती है, लेकिन वो 2500 वर्ष पूर्व बुद्ध थे जिन्होंने इसे मस्तिष्क को जगाने वाली एक तकनीक में परिवर्तित किया, ताकि हम यह संसार के सच देख-समझ पाएँ। दुनिया अस्थायी है और हमारे दुख का कारण हमारी इससे जुड़ी इच्छाएँ। 500 साल पहले भक्ति काल के समय समस्या को हल किए जाने के लिए हनुमान का ध्यान लगाना एक तकनीक बन गया था- समस्या (संकट) कोई भी हो सकती थी -मनोवैज्ञानिक (तनाव, भय, भूत), शारीरिक (बीमारियाँ, दर्द) या सामाजिक (ख़तरा, दुर्भाग्य)। संकट मोचन यानी समस्या का निवारण करने वाला, हनुमान लोकप्रिय रूप है; वाराणसी में वे इसी नाम से प्रतिष्ठित हैं।

जहाँ मठ के नियम बस यह सब कहते हैं कि इंद्रियों पर नियंत्रण किया जाए और मस्तिष्क के भीतर जाया जाए, हिंदू धर्म यह मानकर काम करता है कि हर इंसान महज़ आंतरिक ध्यान से जीवन नहीं जी सकता, उसे बाहर समर्थन भी चाहिए होता है। विविधता के लिए इस तरह की सोच और समरूपता से बचना ही हिंदू धर्म की पहचान है। औसत इंसान को ऐसा ईश्वर चाहिए होता है, जो सुनता है और परवाह करता है। बौद्ध धर्म का इतिहास देखने पर हमें यह बात समझ आती है। बौद्ध धर्म के प्रसार के साथ, बोधिसत्व का सिद्धांत -जो बुद्ध से बहुत अलग था- उभरा। जहाँ बुद्ध स्वयं को और दूसरों को आँखों को मूँद, मस्तिष्क को सत्य पर केंद्रित होना सिखाते हैं, वही बोधिसत्व अपने आँख और कान लोगों के दुखों को सुनने के लिए खोले रखता है और हाथ आगे बढ़ा कर उन्हें सहायता देता है। पीड़ित ने शिक्षक बुद्ध के बजाय रक्षक बोधिसत्व पर ध्यान दिया। थेरवाद अनुयायी बौद्ध, जो बुद्ध के दिखाए रास्ते पर चलना पसंद करते हैं, महायान अनुयायी से अलग हो गए, जिन्होंने बोधिसत्व की आराधना को बढ़ावा दिया।

हिंदू धर्म में बौद्धिक और लोकप्रिय के बीच ऐसा कोई भी अलगाव नहीं हुआ था। वेदांत के गुरुओं- जैसे शंकर, रामानुज, रामानंद, माधव, वल्लाह - जिन्होंने संस्कृत में लिखा और सत्य के जटिल सिद्धांतों की चर्चा

की, उन्होंने हमेशा भक्ति को बौद्धिक और ध्यान केंद्रित दृष्टिकोण के पूरक की तरह देखा। एक तरफ़, निगम परंपरा में, उन्होंने अमूर्त वैदिक विचारों की बात की, तो साथ ही साथ, अगम परंपरा में, हनुमान सहित अन्य हिंदू देवताओं की पूजा की बात भी की।

हनुमान एक ऐसा स्वरूप बन गए, जिसके द्वारा एक परेशान भक्त उम्मीद और ताक़त को वापस पा सकता है। उनकी आराधना करना, उनका ध्यान लगाना, शक्ति देता है - भाग्य के दोबारा जागने तक धैर्य रखने की शक्ति और दुर्भाग्य के आने पर उसका सामना करने की शक्ति। हिंदू धर्म ने प्रार्थना को एक ही समय में बाहरी आस्तिक अभ्यास (ईश्वर का आह्वान) और यौगिक अभ्यास (तनाव में उलझे दिमाग़ को सुलझाना) में बदल दिया।

दिमाग़ को संयम में रखना (यम), अनुशासन (नियम), साँस लेना (प्राणायाम), शारीरिक मुद्रा (आसन), वापस लौटना (प्रत्याहार), एकाग्रता

(ध्यान), जागरूकता (धारणा) और विसर्जन (समाधि) योग से जुड़ी ये सारी बातें छंद के ध्यान शब्द में अंतर्निहित हैं।

योग का अर्थ संरेखण भी है। हनुमान को मस्तिष्क, क्रिया और वाणी में रखते हुए भक्त अपने ध्यान को संरक्षित किए जाने को कहना सांख्य (हिंदू तत्व मीमांसा) -जो योग के लिए पृष्ठभूमि बनाता है- की ओर अंतर्निहित इशारा है। सांख्य में दुनिया आत्मा (देहि या पुरुष) और शरीर (देह या प्रकृति) में विभाजित है। जिसमें शरीर का गठन तत्व (महाभूत), भावना इंद्रियाँ (ज्ञान-इंद्रियाँ), क्रिया अंग (कर्म-इंद्रियाँ), हृदय (चित्त), समझ (बुद्धि), कल्पना (मानस), स्मृति (स्मर) और अहं (अहम्) से होता है। समस्या तब होती है जब हम क्या सोचते हैं, हम क्या करते हैं और हम क्या कहते हैं, ये आपस में मेल नहीं खाते- जब हमें अपनी भावनाओं को दबाने के लिए मजबूर किया जाता है और हमें दिखावा करना पड़ता। हनुमान हमें रोज़मर्रा की इन समस्याओं से निबटने की ताक़त देते हैं। योग वह क्रिया भी है जिससे हम अपने भीतर के देवत्व को खोजते हैं; भोग इच्छाओं की आसक्ति है जो हमारे शरीर, हमारे दिमाग़ और हमारी दुनिया के सच को अनदेखा करना चाहती। भोग को संतुलित रखने में योग हमारी सहायता करता है, जिससे हम समझ सकें कि सुख क्षणिक, लत डालने वाला और भ्रम पैदा करने वाला है, और अपनी भावनाओं को इच्छाओं में बहने नहीं दें। हनुमान योगी हैं, लेकिन भोगी नहीं हैं। उन्हें इच्छाओं की प्रकृति के बारे में सब पता है और उन्हें किसी चीज़ की इच्छा नहीं है। हम भोगी हैं लेकिन योगी नहीं हैं। हमें हनुमान की सहायता चाहिए कि जो मानसिक शक्ति हममें नहीं है, वह हमें मिले और जो मानसिक मुसीबतें हमें कष्ट देती हैं, वे दूर हों।

चौपाई 27 : संन्यासी राजा की सेवा

सब पर राम
तपस्वी राजा।
तिन के काज
सकल तुम साजा।।

चौपाई 27 : संन्यासी राजा की सेवा

राम जिनका सब पर शासन है
संन्यासी राजा हैं।
वे सारे कठिन काम
आप आसानी से पूरा करते हैं।

चालीसा धीरे-धीरे अपना रास्ता बाहरी से आंतरिक, भौतिक सफलताओं की बातचीत से मनोवैज्ञानिक स्वास्थ्य, योग के विषय में और जीवित प्राणी और दिव्य के संबंधों तक बनाती है। इस छंद में हम सबको संन्यासी राजा राम, जिनके हर कार्य हनुमान द्वारा किए जाते हैं, की प्रजा बताया गया है।

यह छंद एक स्तर पर राम और हनुमान के संबंधों को स्थापित करता है। राम कर्ता हैं, एक ज़िम्मेदार नेता और हनुमान कार्यकर्ता हैं, आज्ञाकारी और प्रभावी अनुयायी। और एक दूसरे स्तर पर हमें ऐसा महसूस कराया जाता है कि वे हनुमान हैं जिनके कारण राम का राज्य स्थापित होता है। उनकी प्रार्थना करना सार्थक होता है, क्योंकि जो एक राजा की ज़िंदगी को इतना आसान बना सकता है, वह उसकी प्रजा की ज़िंदगी को आसान बना सकता है। भव्य लेकिन निष्क्रिय देवता और सुलभ और सक्रिय देवता का यह अंतर दुनियाभर के कई ईश्वरीय संप्रदायों में नज़र आता है। ईसाई धर्म में, यहाँ तक कि पारसी धर्म में भी भगवान की इच्छा पूरी करने वाले दूत होते हैं। मध्य युगीन भारत में आम जनता को राजा कम ही नजर आता था। लोग देखते थे कि राजा की इच्छा उसके अधिकारी और सैनिक ही पूरी करते हैं। यही कारण है कि शिव के भक्त नंदी का आह्वान करते हैं, विष्णु के भक्त गरुड़ का और राम के भक्त हनुमान का आह्वान करते हैं।

राम तपस्वी राजा हैं, क्योंकि न तो उन्हें शासन की इच्छा है और न ही उन्हें शासन से मिलने वाले फ़ायदों की। ये सब राजपरिवार का बड़ा बेटा होने के कारण उनके कर्तव्य है। राजसिंहासन से मिलने वाली शक्तियों पर न तो वे निर्भर करते हैं और न ही उनका फ़ायदा उठाते हैं, इसलिए यह सब त्याग देना उनके लिए बहुत आसान है। जब उनसे उनके सौतेले भाई भरत को राजा बनने देने के लिए कहा जाता है, तो वे बिना किसी पछतावे या अफ़सोस के मुकुट पर अपना दावा छोड़ देते हैं। वे जंगल में भी उतने ही खुश हैं जितने महल में हैं। राम और हनुमान, दोनों ही जंगल में भी उतने

ही ख़ुश हैं जितने अयोध्या में थे। राम अपने कर्तव्य के कारण अयोध्या में रहने को बाध्य थे, जबकि हनुमान राम के प्रति अपने प्रेम के कारण जंगल छोड़ देते हैं। क्या इससे हनुमान, राम से श्रेष्ठतर हो जाते हैं? सोचने की बात है। इसलिए बड़ी चतुराई से हमें उस वैष्णव-शैव विवाद में खींच लिया जाता है, जो हनुमान चालीसा लिखे जाने के समय वाराणसी में चल रहा था। राम जो विष्णु के अवतार हैं, उन पर शासन का भार है और हनुमान जो शिव के अवतार हैं, वे विष्णु की इस भार को वहन करने में मदद करते हैं। हनुमान का राम के प्रति प्रेम उस रूमानी प्रेम से, जो सीता का राम के प्रति है या राम का सीता के प्रति है, अलग है। हनुमान का राम के प्रति प्रेम वह प्रेम है, जो एक भक्त का देव के लिए, जो सत्य की तलाश करने वाले का गुरु के लिए, जो एक छात्र का शिक्षक के लिए होता है, क्योंकि इनमें बाद वाला पहले वाले को उसकी क्षमता से ऊपर उठने लायक़ बनाता है। दूसरे शब्दों में, उनके दिमाग़ का विस्तार होता है : वे दुनिया पर आश्रित से, दुनिया से स्वतंत्र हो जाते हैं और फिर भी दुनिया के लिए भरोसेमंद रहते हैं।

मध्ययुगीन भारत में, राजाओं ने स्वयं को राम मानना, राम का वंशज मानना शुरू कर दिया। वे अपने अनुयायियों से हनुमान, सुग्रीव और उनकी आज्ञाकारी वानर सेना की तरह होने की उम्मीद करते थे। और यही कारण है कि विजयनगर और मराठा साम्राज्य के राजाओं द्वारा निर्मित, हनुमान को समर्पित कई मंदिर नज़र आते हैं। वे माधव और रामदास जैसे आचार्यों से प्रेरित हैं, जिन्होंने राम की सेवा करते हनुमान, और युधिष्ठिर तथा बारी आने पर कृष्ण की सेवा करते भीम को अपना आदर्श बनाया था।

राजनीतिक हलकों में प्रायः प्यार का अर्थ उसके साथ वफ़ादारी से खड़ा रहना बताया जाता है, जिससे आप प्रेम करते हैं, चाहे जैसी भी स्थिति हो, और उनके कामों को बिना कुछ वापस मिलने की इच्छा के करते जाना। यह तर्क अपनी इच्छापूर्ति के लिए है और यह बृहत फलक को नहीं देखता। क्योंकि इस तर्क के हिसाब से कुंभकर्ण का रावण के लिए और हनुमान का राम के लिए, इन दोनों प्यार में कोई अंतर नहीं है।

कई वफ़ादार अनुयायी ज़िद करते हैं कि वे हनुमान हैं और वही कर रहे हैं जो उनका नेता उनसे चाह रहा है, यानी दर्शाते हैं कि उनका नेता राम है। जबकि असलियत में, वे सब रावण के अनुयायी कुंभकर्ण हैं। राम

चौपाई 27 : संन्यासी राजा की सेवा

और रावण में क्या अंतर है कि राम संन्यासी राजा हैं। राम किसी चीज़ की इच्छा नहीं रखते, किसी पर हावी नहीं होते और अपने क्षेत्र को बढ़ाना नहीं चाहते। वे स्वयं से संतुष्ट हैं। वे हनुमान के प्यार की भी तलाश नहीं करते या ज़रूरत नहीं महसूस करते। रावण की तरह महत्त्वाकांक्षा से नहीं बल्कि राम अपने सामाजिक दायित्व के कारण राजा हैं। अयोध्या को राम की ज़रूरत है; राम को अयोध्या की ज़रूरत नहीं हैं। इसके विपरीत, रावण को शक्तिशाली महसूस होने के लिए लंका की और राक्षसों पर बिना शर्त नियंत्रण की ज़रूरत है। उसके लिए, अवज्ञा और वफ़ादार न होना प्यार का नहीं होना है। इसलिए, वह विभीषण को घर से निकाल देता है और जब कुंभकर्ण मर जाता है, वह राम पर आरोप लगाता है, लेकिन इस अनावश्यक युद्ध में अपनी भूमिका को नहीं देखता।

अहंकार में डूबा होने के कारण रावण उन कष्टों को नहीं देखता, जिनका कारक वह स्वयं है। उसे सिर्फ़ वह कष्ट दिखाई देता है, जो दूसरों ने उसकी आज्ञा को नहीं मानकर या उसका वफ़ादार नहीं होकर पहुँचाया है। रावण, राम को शत्रु मानता है, वह भी तब, जब वह रावण ही है जिसने सीता का

अपहरण किया और उन्हें उनकी इच्छा के विरुद्ध लंका में रखा। ताक़त और नियंत्रण के लिए उसकी तड़प यह दिखाती है कि वह कितना भूखा और डरा हुआ है। वह कोई राम नहीं है। रावण अपने प्यार करने वालों को नष्ट कर देता है। राम अपने प्यार करने वालों को पोषित करते हैं। समर्पित होकर राम की सेवा करने से हनुमान ख़ुद को पोषित करते हैं। वे मनुष्य से कमतर वा-नर से मनुष्य को शरण देने वाले नर-आयन बन जाते हैं।

चौपाई 28 : इच्छाओं का रथ

और मनोरथ
जो कोई लावै।
सोई अमित
जीवन फल पावै।।

कोई इच्छा
जो साथ लाता।
असंख्य
पूर्णता वह पाता।

इस छंद में इच्छाओं को मनोरथ, अर्थात मन का रथ कहा गया है, जो हमारे कार्यों को प्रेरित कर हमारे जीवन को प्रेरित करता है।

बुद्ध कहते हैं कि इच्छाएँ ही पीड़ा हैं और मठों की स्थापना करते हैं, जबकि हिंदू धर्म में धर्म : अपने सामाजिक दायित्व को निभाना, की वकालत की जाती है। बौद्ध धर्म सामाजिक संरचना को बिगाड़ता है, हिंदू धर्म सामाजिक संरचना को बनाए रखता है। बौद्ध धर्मस्थल (चैत्य) मौन और अनुशासन और अंतर्दर्शनात्मक कला का केंद्र थे। उसके विपरीत हिंदू धर्म के मंदिर नृत्य और गीत और भोजन और उत्सव कला -दीवारों पर सुंदर स्त्रियों के, उस समय के जब पुरुष अपने कार्य के लिए गया होता था, स्वयं को निहारते चित्र होते थे- के केंद्र थे।

बौद्ध धर्म के क्षीण होने पर अनेक बौद्ध विचारों को हिंदू रूप में प्रकट किया गया : हिंदू सांसारिकता को चुनौती देते हुए हिंदू मठवाद एक प्रभावशाली शक्ति बन गया। संन्यासी दुनिया से मुक्ति (मोक्ष) चाहता था, जबकि गृहस्थ सामाजिक दायित्व (धर्म) जिससे दुनिया चलती है, की बात करता था। संन्यासी देव शिव मठों के संरक्षक थे। जिस तरह शिव ने इच्छाओं के देवता काम को आग में जला दिया था, राख में लिपटे संन्यासी अपनी इच्छाओं को भस्म करने के लिए ध्यान लगाते थे। गृहस्थ भगवान, विष्णु की स्थापना भव्य मंदिरों में होती थी, जहाँ भोजन के लिए (भोग मंडप) और नाट्य प्रदर्शनों के लिए (नाट्य मंडप) अलग-अलग प्रखंड होते थे। मोक्ष और धर्म के बीच में सामंजस्य कैसे बैठाया जाए, यह देवी के माध्यम से होता था।

हर इंसान को दूसरों के पर्याजीवन (इकोसिस्टम) के अंदर मौजूद देखा जाता है। इच्छा और क्रिया मनुष्य के पारस्परिक संबंध को चलाती हैं। एक के कारण दिमाग़ में ये सारे बदलाव आए : चाहत, जुड़ाव, लालच, गर्व, ईर्ष्या, हताशा, क्रोध; हर समस्या की जड़। हालाँकि क्रिया ने सामाजिक ताना-बाना बनाए रखा। देवी की माँग थी कि आप क्रियाओं पर ध्यान दें और इच्छाओं से दूर हों। दूसरे शब्दों में, बीज बोइए, फल की इच्छा मत कीजिए। सामाजिक परिवेश में इसका अर्थ हुआ, दूसरों की भूख मिटाने के लिए काम किया जाए और दूसरों के भय को दूर किया जाए; अपनी ख़ुद की भूख और डर में लिप्त होने के बजाय, इससे ऊपर उठने की पूरी कोशिश की जाए।

और इसलिए देवी ने साधु शिव को गृहस्थ शंकर में बदल दिया और उन्हें पहाड़ों के उनके घर कैलाश से नीचे मैदानी शहर काशी में उतार दिया। उसी तरह देवी लक्ष्मी व सरस्वती बन गईं और विष्णु से उनका अभिभावक बनने को कहा। ब्रह्मा और उनके पुत्र, चाहे वे देव हों या असुर, नाग हों या यक्ष, दूसरे या उसके रूप में अवतरित होते हैं जो अपनी भूख और भय में इस क़दर डूबे होते हैं कि उन्हें दूसरों की भूख और डर से कोई मतलब नहीं होता।

चौपाई 28 : इच्छाओं का रथ

हिंदू अनुष्ठानों को इस सिद्धांत के इर्दगिर्द बनाया गया है। वह चाहे वैदिक यज्ञ था या बाद में मंदिरों में होने वाली पूजा, यजमान भगवान को प्रसाद चढ़ाता है और बदले में कुछ पाने की उम्मीद करता है। इस तरह इच्छा पर नियंत्रण हो जाता है : वह सिर्फ़ कहता या छीनता नहीं है, उसे पहले देवता को कुछ देने के लिए कहा जाता है। वह कोई उपहार दे सकता है (फूल, भोजन, धूपबत्ती) या स्तुति के शब्द (भजन) या बस उपहार में एकाग्रता (दर्शन, ध्यान)। हम प्रार्थना करते हैं कि ईश्वर हमें इसका फल दे। हमने क्या प्रसाद अर्पित किया, हमने किस तरह अर्पित किया, हमने कब और कहाँ और किसे अर्पित किया, इस पर तो हमारा नियंत्रण होता है, लेकिन हमें क्या मिलेगा या नहीं मिलेगा, इस पर हमारा कोई नियंत्रण नहीं होता। हमें क्या मिलता है, यह इस बात पर निर्भर करता है कि देवता प्रसन्न हुआ या नहीं और देवता इच्छुक है या नहीं या फिर देवता अनुग्रहित महसूस करता है या नहीं। हमें जो भी मिलता है, उसे श्रद्धा से स्वीकारना होता है और हमें जो नहीं मिला, उसे लेकर शांत रहना होता है। जिस तरह यह देवता के साथ है, उसी तरह यह ज़िंदगी के साथ है।

इच्छाओं का रथ वह अकेली शक्ति नहीं है, जो दुनिया को नियंत्रित करती है। क्रिया और प्रतिक्रिया का चक्र, कर्म भी है। ज़रूरी नहीं है कि जो हम चाहें वह मिल ही जाए, लेकिन पहले किए गए कार्यों की प्रतिक्रिया और वर्तमान क्रिया के अनुसार, हम जिसके लायक़ होते हैं वह ज़रूर मिलता है। हनुमान यह निश्चित करते हैं कि जो हमें मिलना चाहिए वह मिले और वे निश्चित करते हैं कि हमारे पास वह शक्ति हो जिससे हम उसका सामना कर सकें जो हमें नहीं मिला। जो हमें मिला उस का आनंद उठाने की और जो हमें नहीं मिला उसके लिए परेशान नहीं होने की शक्ति वह चिरकालिक (अमिट या अमृत) फल है, जिसका इस छंद में वादा किया गया है।

चौपाई 29 : चार युग

चारों जुग
परताप तुम्हारा।
है परसिद्ध
जगत उजियारा।।

चारों काल में फैली
आपकी महिमा।
आपकी प्रसिद्धि
दुनिया के आर-पार प्रसारित है।

जैसा पहले बताया गया, हिंदुओं का मानना है कि दुनिया जन्म और मृत्यु के चक्रों से गुज़रती है- वैसे ही जैसे हर जीवित प्राणी जीवन और मृत्यु के चक्र से गुज़रता है। यहाँ 'दुनिया' का अर्थ प्रकृति से कम, मानव संस्कृति से अधिक है, यानी एक संगठन या एक प्रणाली।

दुनिया की उम्र को कल्प कहते हैं। इसके 4 भाग होते हैं (युग, जिसे यहाँ जुग कहा गया है) : बचपन, युवा, वयस्क और वृद्धावस्था, जिन्हें क्रमशः कृत, त्रेता, द्वापर, और कलि कहते हैं। राम त्रेता में रहते हैं इसलिए उन्हें

चौपाई 29 : चार युग

त्रेता का ठाकुर कहते हैं। कृष्ण द्वापर में रहते हैं इसलिए उन्हें द्वापर के ठाकुर कहते हैं। हनुमान चारों युग में रहते हैं, इसलिए उन्हें चिरंजीवी (अमर) भी कहते हैं।

क्योंकि त्रेता युग के अंत में राम की मृत्यु होती है और वे वैकुंठ में वापस लौटते हैं और हनुमान उसके बाद भी ज़िंदा रहते हैं, हनुमान की पूजा पर अधिक ज़ोर दिया गया है। लोग उन्हें ढूँढ़ते हैं। ऐसा मानना है कि वे अब भी धरती पर हैं। किंवदंतियां हैं, जिनमें यह कहा जाता है कि वे हिमालय में एक केले (कदली) के वन में रहते हैं। अनुष्ठानों में रामायण के पाठ के समय एक कुर्सी हनुमान के लिए ख़ासकर ख़ाली रखी जाती है, जिससे कि जब वे आएँ तो उनके पास बैठने की जगह हो और उन्हें जिस चीज़ में सबसे अधिक आनंद मिलता है –अपने प्रिय राम की कथा सुनने में– उस का आनंद ले सकें। उनके देखे जाने की कहानियाँ और यहाँ तक कि तस्वीरें भी असामान्य बात नहीं है। लोगों का कहना है कि पौराणिक, बड़े पाँव वाले येती हनुमान जी हैं। विश्वास करने वालों के लिए यह सच है और अविश्वास करने वालों के लिए यह विश्वास की शक्ति।

क्योंकि वे अमर हैं, इसलिए हनुमान रामायण और महाभारत, दोनों में महत्त्वपूर्ण भूमिका निभाते हैं। रामायण में वे विष्णु के अवतार राम की सेवा करते हैं और महाभारत में विष्णु के एक अन्य अवतार कृष्ण की सहायता करते हैं और पांडव राजकुमारों को ज्ञान देते हैं। एक वृद्ध वानर का रूप धर

कर वे अभिमानी भीम से अपनी पूँछ उठाने को कहते हैं और उसे विनम्रता सिखाते हैं। इसी तरह का एक सामना हनुमान और अर्जुन का भी होता है।

जब अर्जुन यह सोचता है कि आख़िर राम ने लंका पार करने के लिए तीरों का पुल क्यों नहीं बनाया, हनुमान फिर से एक वृद्ध वानर का रूप धर कर जवाब देते हैं कि वह पुल वानर-सेना का वज़न नहीं उठा पाता। अर्जुन इस बात से इनकार करते हुए अपने तीरों का एक पुल नदी पर बनाता है, लेकिन हनुमान के क़दम रखते ही पुल टूट जाता है। ऐसे में कृष्ण, अर्जुन को तीर चलाते समय राम का नाम जपने की सलाह देते हैं। इस दफ़ा पुल नहीं टूटता। अर्जुन को यह बात समझ में आती है कि यह तीर या पत्थर की ताक़त नहीं है, जो पुल बनाती है; यह राम के नाम की कृपा भी है।

अर्जुन विनम्रतापूर्वक हनुमान से कौरवों के ख़िलाफ़ युद्ध में अपने रथ के शिखर पर बैठने का आग्रह करते हैं। अर्जुन अपने ध्वज को कपिध्वज का नाम देते हैं, क्योंकि इसमें एक वानर की छवि बनी है, वानर जो एक बेचैन दिमाग़ का प्रतीक है और जो राम में विश्वास किए जाने पर हनुमान में परिवर्तित हो जाता है।

चौपाई 30 : चीन में

साधु संत
के तुम रखवारे।
असुर निकंदन
राम दुलारे।।

साधु और संत
आपसे सुरक्षा पाते हैं।
आप जो राक्षसों के विनाशक हैं
से राम बहुत प्यार करते हैं।

तक़रीबन 1500 वर्ष पहले, चीन से अनेक तीर्थयात्री मूल बौद्ध पांडुलिपियों की तलाश में भारत आए थे। अपनी यात्रा से वापस जाते वक़्त वे भारत में सुनी हनुमान की कहानियाँ साथ ले गए। ये कहानियाँ उन ताओवादी कहानियों में घुल-मिल गई जिनमें चमत्कारी ताक़त और शक्ति वाला एक सफ़ेद वानर था। और इसलिए चीनी साहित्य में हमें हनुमान का एक चीनी संस्करण मिलता है, जो चीनी भिक्षु हुआन त्सांग के साथ उसकी पश्चिम (भारत) की ख़तरनाक यात्रा में साथ रहता है। उसका नाम सन वुकोंग है। और वह ठीक वही काम करता है, जो इस छंद में कहा गया है : संतों की सुरक्षा करना और राक्षसों का नाश करना। संयोग से, यह प्रसिद्ध चीनी उपन्यास जिसमें वानर-राजा के कारनामों को बताया गया है, चीन में तक़रीबन उसी समय लिखा गया, जब भारत में हनुमान चालीसा लिखी गई थी।

हवा द्वारा एक चट्टान को छूने से पैदा हुआ सन वुकोंग अविश्वसनीय रूप से ताक़तवर और तेज़ था और अपना रूप बदल सकता था, हनुमान के समान। हनुमान के भिन्न, वह अपनी ज़बरदस्त शक्ति और ताक़त दिखाकर ख़ुद को वानरों का राजा बना लेता है।

हनुमान की गदा की तरह सन वुकोंग के हाथ में एक जादुई छड़ी होती है, लेकिन जहाँ हिंदू चिह्न-विज्ञान में हनुमान की गदा सिर्फ़ एक प्रतीक है, वानर-राजा की छड़ी उसके व्यक्तित्व का एक महत्त्वपूर्ण हिस्सा है और जो उसके कारनामों में बड़ी भूमिका निभाती है।

चौपाई 30 : चीन में

यह पूरी तरह संभव है कि मूल हनुमान के हाथों में पेड़ का कोई तना या शाखा हथियार के रूप में दिखाई गई हो और जो रूपांतरित होकर कुश्तीबाज़ों और पहलवानों द्वारा इस्तेमाल होने वाली गदा या मल्ल बन गई हो।

हनुमान की तरह ही वानर-राजा को अपनी शक्ति का पता नहीं था; उसके उपद्रवी और जंगली रूप को सँभालना ज़रूरी था। रामायण में हनुमान को शाप दिया जाता है कि जब तक उचित समय न आ जाए, वह अपनी शक्तियों को भूले रहे। जबकि चीनी उपन्यास में, जब स्वर्ग का सम्राट जेड उसे अमरत्व का आड़ू खाने से नहीं रोक पाता, स्वर्ग के आदि बुद्ध को उसे विनम्र बनाना पड़ता है। बुद्ध अभिमानी वानर से पृथ्वी का छोर ढूँढ़ने के लिए कहते हैं। सन वुकोंग ढूँढ़ लेता है और अभिमान से दावा ठोंकता है कि उसने पृथ्वी के छोर पर खड़े पाँच खंभों में से एक पर निशान लगा दिया है। 'क्या यही है वह निशान?' बुद्ध अपनी एक उँगली दिखाते हुए उससे पूछते हैं। यह देखने के बाद सन वुकोंग को एहसास होता है कि जिसे वह पूरी दुनिया समझ रहा था, वह बुद्ध के हाथ की हथेली भर थी।

विनम्र वानर को यह काम सौंपा गया कि वह हुआन त्सांग की पश्चिम में बौद्ध ग्रंथों को तलाश में मदद करेगा और बदले में उसे आज़ादी मिलेगी। लेकिन उसकी शरारतों को नियंत्रित करने के लिए बोधिसत्व गुआनयिन चालाकी से हुआन त्सांग द्वारा वानर-राजा के सिर पर एक बँधना पहना देते हैं। गुआनयिन उस बँधने की जकड़न बढ़ा सकता था, जिससे होने वाला सिरदर्द वानर-राजा को अधिक बदमाशी किए जाने पर नियंत्रित कर देता। वानर को पालतू बनाने का ऐसा कोई प्रसंग रामायण में नहीं है। हनुमान स्वेच्छा से राम को समर्पित होते हैं और उनके देवत्व का सम्मान करते हैं। राम को न तो हनुमान के समर्पण की चाहत है और न ही वे अपना देवत्व दिखाते हैं।

कई कारनामों के बाद, जिनमें से एक में राक्षस को हराकर अपहरण की गई राजकुमारी को उसके प्रेमी से दोबारा मिलाना भी शामिल है, वानर-राजा की सहायता से लक्ष्य को सफलतापूर्वक पूर्ण करने के बाद तीर्थयात्री चीन वापस लौट जाते हैं। सन वुकोंग को बुद्धत्व से सम्मानित किया गया था, चीनी बौद्ध धर्म के इस महत्त्वपूर्ण चरित्र को 'विजयी योद्धा बुद्ध' के रूप में सब सम्मान देते हैं।

चौपाई 31 : देवी और तंत्र

अष्टसिद्धि
नौ निधि के दाता।
अस बर दीन
जानकी माता।।

आठ शक्तियाँ
नौ संपन्नताएँ जिन्हें आप देते हैं।
जैसी इच्छा होती है
जनक की बेटी की।

122 चौपाई 31 : देवी और तंत्र

हिंदू धर्म की शाक्त परंपरा के प्रभाव को दर्शाता यह छंद स्पष्ट रूप से सीता के स्तर को ऊपर उठा उन्हें देवी का दर्जा देता है और हनुमान से उनके संबंध को स्थापित करता है। शुरुआत में, हनुमान का जुड़ाव वैदिक देवताओं से था, उसके बाद विष्णु, उसके बाद शिव और अंततः देवी से। यहाँ सीता को सिर्फ़ राम की पत्नी की तरह नहीं, बल्कि जनक -जो स्वयं तपस्वी राजा थे- की पुत्री के रूप में भी दिखाया गया है। उन्हें माता कहकर संबोधित किया गया है। यह आदर का संबोधन तो है ही, साथ ही साथ दिव्य नारी के लिए प्रयोग होने वाला नाम है। सीता, हनुमान को आशीर्वाद देती हैं कि वे साधक को सिद्धि और निधि दोनों ही प्रदान कर सकते हैं। सिद्धि वे शक्तियाँ होती हैं, जिनसे हम अपने शरीर और अपने पर्याजीवन (इकोसिस्टम) में बदलाव ला सकते हैं और निधि का अर्थ गुप्त ख़ज़ाने से है। 'सिद्धि' और 'निधि' का अवतरित रूप सरस्वती और लक्ष्मी के तांत्रिक रूपों में देखा जा सकता है।

हिंदू धर्म की दो शाखाएं हैं- वेदांत, जो कि आध्यात्मिक और रहस्यवादी है, जो दिमाग़ और आत्मा पर केंद्रित है, और तंत्र, जो कि भौतिक और गुप्त है, जो शरीर और दुनिया पर केंद्रित है। वेदांत में दिव्य के नर रूप की पूजा होती है -राम- जबकि तंत्र में दिव्य के नारी रूप की पूजा होती है, इसलिए सीता। 500 वर्ष पूर्व, सीता को देवी से जोड़ने वाली कई शाक्त रामायण लिखी गई थीं। यहाँ उन्हें प्रचंड काली के रूप में वर्णित किया गया है जो स्वेच्छा से जंगल और खेत की अवतार, शांत गौरी बन गईं और राम की महानता को सक्षम बना दिया। जब राम दस सिरों वाले रावण का वध कर रहे थे, सीता ने गुप्त रूप से रावण के हज़ार सिरों वाले भाई का वध किया। यह रहस्य राम ने लक्ष्मण को बताया था। तांत्रिक कहानियों में, देवियाँ, देवता को सक्षम बनाती हैं; शक्ति के बग़ैर शिव मात्र एक शव हैं, और राम, रामराज्य नहीं स्थापित कर पाए होते। वे सीता हैं, जिन्होंने हनुमान को राक्षसों को हराने और उन्हें (सीता को) बचाने की शक्ति दी।

विभिन्न सिद्धियाँ इस प्रकार से हैं : आकार को कम करना (अणिमा), आकार को बढ़ाना (महिमा), वज़न को बढ़ाना (गरिमा), वज़न को कम करना (लघिमा), कहीं से भी कुछ भी हासिल करना (प्राप्ति), किसी भी इच्छा को पूरा करना (प्राकम्य), सब पर शासन करना (ईसित्व), और सब को वश

चौपाई 31 : देवी और तंत्र

123

में करना (वसित्व)। हनुमान के बहुत सारे साहसिक कार्य यह दर्शाते हैं कि उन्हें इस विद्या का ज्ञान था और इसलिए ही वे अपने आकार और रूप को बदल सकते और उड़ सकते हैं। एक कहानी में, वे राक्षसों से अपना पाँव हिलाने को कहते हैं, जिसे राक्षस नहीं हिला पाते, ऐसी है उनकी ताक़त।

निधियों के कई नाम हैं, जैसे- पद्म, महापद्म, शंख, मकर, कच्छप, मुकुंद (विष्णु), कुंद (कमल), नील और खर्व। हनुमान की पहुँच में इतनी शक्ति और धन-दौलत है, लेकिन उन्हें कुछ नहीं चाहिए, क्योंकि वे एक योगी हैं, जिसके पास सबकुछ होता है लेकिन वह कुछ नहीं चाहता। यही कारण है कि हर देवता उन्हें पसंद करता है और यही कारण है कि वे बहुत से तांत्रिकों के प्रिय देवता हैं।

काली और हनुमान, दोनों ही उन मठों के अंग हैं, जो नाथ-योगियों को बहुत पसंद हैं। जो शिव को आदिगुरु या गुरुओं के गुरु के रूप में देखते हैं। उनके पहले गुरु मत्स्येंद्रनाथ मछली थे, जिसने शिव और शक्ति के बीच हो रही बात को सुन लिया था और इसलिए वे एक मानव एक जोगी बन गए। उनके शिष्य, गोरख-नाथ, को गोबर की राख से बनाया गया था।

नाथ संप्रदाय की लोककथाओं में कहा जाता है कि यदि एक योगी संभोग से दूर रहकर शक्ति प्राप्त करता है, तो एक योगिनी योगी को कामातुर बनाकर शक्ति पाती है। यह उन्हें एक-दूसरे का प्रतिद्वंद्वी बनाता है। योगिनियाँ केले के एक मंत्रमुग्ध उपवन में रहती हैं, जो हर पुरुष को स्त्री बना देता है। सिर्फ़ एक योगी ही इन औरतों के जादू से बच सकता है और मंत्रमुग्ध करने वाले उपवन के अंदर जा सकता है। मछेंद्रनाथ को योगिनियों की रानी ने बहला-फुसला लिया, औरतों के इस साम्राज्य से उन्हें छुड़ाने गोरखनाथ को औरत का भेस बना कर जाना पड़ा। जब इस राज्य की औरतों को बच्चे चाहिए थे, उन्होंने देवी से सहायता की प्रार्थना की। उन्होंने हनुमान को भेज दिया। ब्रह्मचारी होने के कारण हनुमान इस सोच में पड़ गए कि कैसे हो कि इच्छाओं को पूरा किया जाए और देवी के वचन का मान भी रखा जाए। समाधान ढूँढ़ते-ढूँढ़ते वे राम की प्रशंसा का एक गीत गाने लगे। वह गाना, उसके शब्द, उसकी धुन और हनुमान की आवाज़ इतनी शक्तिशाली थी कि वे सब औरतें जिन्होंने इसे सुना, गर्भवती हो गईं।

ऐतिहासिक रूप से, हिंदू धर्म की यह शाखा कोई 1000 वर्ष पुरानी है, उस समय के आसपास जब हिंदू धर्म काफ़ी एकेश्वरवादी हो गया था। तब बहुत से भिक्षु घुमक्कड़ योद्धा बन गए थे, जो सरदारों और राजाओं का साथ देते थे, लेकिन शादी करने और बसने से इनकार करते थे। वे अपने को अमर हनुमान की उस बात को मानने वाला रूप मानते थे, जिसमें उन्होंने राम के वैकुंठ लौटने के बाद भी दुनिया की मदद करने का वादा किया था।

चौपाई 32 : भगवान को परोसना

राम रसायन
तुम्हरे पासा।
सदा रहो
रघुपति के दासा।।

राम का रसायन
आप को पता है।
आप हमेशा रहिए
रघुकुल के स्वामी के सेवक।

यदि कोई एक चीज़ ऐसी है जिसे हनुमान चाहते हैं, वह है राम की सेवा करना।

एक दिन, हनुमान ने सीता से पूछा कि वे अपने माथे पर लाल बिंदी क्यों लगाती हैं। उन्होंने जवाब दिया कि यह राम के लिए मेरे प्रेम का निशान है। हनुमान ने निष्कर्ष निकाला कि लाल रंग भक्त और देवता के बीच का रसायन होता है। हनुमान सोच में पड़ गए कि श्रीराम के प्रति अपने प्यार को दिखाने के लिए उन्हें कितना लाल रंग चाहिए होगा, क्योंकि वे तो बस एक वानर हैं और सेवक हैं, राम की पत्नी सीता से बहुत नीचे स्तर के हैं। तो अंततः उन्होंने तय किया कि अपना पूरा शरीर ही लाल पाउडर से रंग लिया जाए। ऐसा माना जाता है कि इसीलिए अपने मंदिरों में हनुमान लाल रंग से रंगे जाते हैं। देवी से संबंधित देव, जैसे गणेश (उनके पुत्र) और हनुमान (उनके चौकीदार) आमतौर पर देवी से संबंधित लाल रंग से रंगे होते हैं।

हनुमान, राम की सेवा बहुत निष्ठापूर्वक करते थे और वह इतनी ज्यादा थी कि किसी और को राम की सेवा का आनंद नहीं मिल पाता था। परेशान होकर, एक दिन राम के भाइयों, सीता और रघुकुल के अन्य सदस्यों ने यह तय किया राम की ज़रूरतों की एक सूची बनाई जाए और उन कामों को आपस में बाँट लिया जाए। हनुमान के लिए कोई काम बचा ही नहीं। हनुमान ने बुरा नहीं माना। आख़िरकार, वे समझते थे कि हर किसी को राम

की सेवा करने का आनंद चाहिए। लेकिन वे राम के लिए कुछ करने को उत्सुक थे। उन्होंने देखा कि सूची में एक काम नहीं था : जम्हाई लेते समय चुटकी बजाने का। अयोध्या के लोगों का यह विश्वास था कि जम्हाई लेते समय चुटकी नहीं बजाने से बीमारी देने वाली आत्माएँ शरीर में चली जाती हैं। हनुमान ने सोचा कि राम के जम्हाई लेते समय चुटकी बजाने का काम तो उन्हें दिया ही जा सकता है। ठीक ही है कि बजाय राम के, या परिवार के किसी अन्य सदस्य के, यह काम एक वानर करे। तो सब खीझते रहते थे और हनुमान राम का हर जगह पीछा करते रहते थे, उस क्षण पर ध्यान लगाए कि कब राम जम्हाई लें और कब वे चुटकी बजाएँ। लेकिन रात में, हनुमान राम के कमरे में नहीं जा सके। अब वे दरवाज़े पर इंतज़ार करते हुए यह सोच रहे थे कि उन्हें कैसे पता चलेगा जब अंदर राम जम्हाई लेंगे। इसलिए राम की जम्हाई के इंतज़ार के बजाय उन्होंने अपनी उँगलियों से लगातार चुटकी बजाना तय किया- इस तरह, राम चाहे जब जम्हाई लें, उनसे चुटकी नहीं छूटेगी। लेकिन उनकी इस योजना का एक बहुत गड़बड़ प्रभाव पड़ा- हर बार उनकी चुटकी बजने पर राम अंदर जम्हाई लेना शुरू कर

चौपाई 32 : भगवान को परोसना

देते थे, ताकि उनके भक्त की मेहनत ख़ाली न जाए। तो सारी रात हनुमान चुटकियाँ बजाते रहे और राम सोने के बजाय जम्हाई लेते रहे। जब इसका कारण पता चला, तो सब हँसने लगे। उन्हें इस बात का एहसास हुआ कि वे हनुमान को तो राम से दूर कर सकते हैं, लेकिन राम को हनुमान से नहीं।

कहानी सुनाने की परंपरा में, इस तरह की लोकप्रिय कहानियाँ हनुमान और राम के संबंधों की गहराई दर्शाती हैं।

दुनिया की भलाई तलाश रहे राम की सेवा करने का, निःस्वार्थ सेवा करने का यह विचार कई दफ़ा उन राजनीतिक नेताओं द्वारा, जो अपने अनुयायियों को हनुमान की तरह देखना चाहते हैं, इस्तेमाल किया जाता है। लेकिन इस तरह की समानता ख़तरनाक है, क्योंकि इसमें तयशुदा ढंग से, यह तय मान लिया जाता है कि नेता राम हैं और उसके अनुयायी हनुमान।

नेता और उसके अनुयायी, दोनों ही यह दिखाने के लिए कड़ी मेहनत करते हैं कि वे संन्यासी हैं, उन्हें अपनी राजनीतिक ताक़त से कोई व्यक्तिगत लाभ नहीं चाहिए। इसलिए वे परिवार, संपत्ति, सुख और आराम छोड़कर जनता के बीच सफ़ेद या भगवा पहने दिखाई देते हैं। उन्हें समझ है कि जनता दिखावे को ही मानसिकता मानती है।

चीज़ें हमें दिखती हैं, दिमाग़ नहीं। हम भगवा वस्त्र देख सकते हैं, यौगिक मन नहीं। हम यह मान लेते हैं कि जो लोग साधारण कपड़े पहने हुए हैं, जो शराब, संभोग, ग़ैर-शाकाहारी से दूर हैं, अवश्य संन्यासी होंगे। लेकिन यह सब अनुमान है, सब भरोसे का मामला है।

हम वस्त्रों को देख सकते हैं दिमाग़ को नहीं, हम धन को देख सकते हैं ताक़त को नहीं। हो सकता है कि एक नेता या उसके अनुयायी पैसों की परवाह नहीं करते हों, लेकिन अक्सर उनमें ताक़त की चाहत होती है। ताक़त की भूख लोगों को नियंत्रित करने, लोगों पर हावी होने, लोगों को निर्देशित करने और क्षेत्रवादी होने का रूप लेती है। यह दिखता है, क़ानून की शक्ति से लोगों को नियंत्रण में करते, वोटों के लिए लड़ रहे राजनीतिक दलों में। यह दिखता है, आध्यात्मिक संगठनों में, जहाँ एक गुरु सारे निर्णय लेता है। यह दिखता है, करिश्माई 'संन्यासी' संस्थापक नेता की मृत्यु के बाद संस्थाओं में होने वाले विभाजन में। यह दिखता है, अनेक 'गुरुओं' की सामाजिक प्रतिष्ठा, सम्मान और मीडिया का ध्यान खींचने की निरंतर तड़पन में, वह

भी तब, जब वे इच्छा और महत्त्वाकांक्षा के अंतर को समझाने के लिए तर्क पर तर्क दे रहे होते हैं, और यह कि कैसे उनके व्यापार और राजनीतिक गतिविधियाँ दरअसल धर्म की अभिव्यक्तियाँ हैं।

शक्ति दुर्गा हैं, जो शेर की सवारी करती हैं। लक्ष्मी दुर्गा की तरह ही मोहक हैं, लेकिन कहीं अधिक घातक। यहाँ तक कि सरस्वती को चाहने वाले विद्वान, विशेषज्ञ और कलाकार, जो यह कहते हैं कि वे लक्ष्मी की परवाह नहीं करते, वे भी अंततः अपने ज्ञान और कौशल और कला का इस्तेमाल हावी होने, तर्क देने, नियंत्रण करने और अधिकार जमाने के लिए करते हैं। ये सब इस बात के लक्षण हैं कि अहं फल-फूल रहा है और आत्मा पर ग्रहण लगा हुआ है।

जब आत्मा जगमगा रही होती है, हमें धन, ताक़त और ज्ञान की चाहत नहीं होती। हम धनी, ताक़तवर, और ज्ञानी होते हैं। राम और हनुमान की तरह हम महल में और साथ ही साथ जंगल में प्रसन्न होते हैं। जब आत्मा जगमगा रही होती है, दूसरे स्वयं से अधिक महत्त्वपूर्ण होते हैं। और वो दूसरे ही होते हैं, जो तय करते हैं कि नेता कौन है। राम नेता नहीं बनना चाहते। हालाँकि हनुमान, राम का अनुसरण करना चाहते हैं। यह समझना ही राम के रसायन को समझना है।

चौपाई 33 : कर्म और पुनर्जन्म

तुम्हरे भजन
राम को पावै।
जनम जनम
के दुख बिसरावै।।

आपकी प्रशंसा गाना
राम तक पहुँचाता है।
जन्मों से इकट्ठा किए दुख
इसलिए भुला दिए जाते हैं।

चौपाई 33 : कर्म और पुनर्जन्म

इस छंद से हम सीखते हैं कि हनुमान से प्रेम करने से न सिर्फ़ इस जन्म में अच्छे फल मिलते हैं, बल्कि राम भी मिलते हैं और पिछले जन्मों के दुख भुला दिए जाते हैं।

भारतीय धर्मों की एक से अधिक जीवन होने की अवधारणा, इन्हें अब्राहम धर्मों से अलग करती है। हिंदू, बौद्ध, और जैन धर्म में हम अनेक ज़िंदगियाँ जीते हैं, जबकि यहूदी, ईसाई, और इस्लाम धर्म में यह माना जाता है कि हम केवल एक ज़िंदगी जीते हैं। एक-जीवन संस्कृतियों में हमारे पास आदर्श जीवन के लिए एक ज़िंदगी होती है; अनेक-जीवन संस्कृतियों में हर ज़िंदगी अपने से पहले वाली का नतीजा होती है। एक-जीवन संस्कृतियों में यह चाहत होती है कि ख़ुद को ईश्वर के संदेशवाहक द्वारा बताए गए नियमों के साथ मिला कर रखा जाए; अनेक-जीवन संस्कृतियों में यह चाहत होती है कि या तो पुनर्जन्म का चक्र रोका जाए या पिछले जन्म से इस जन्म को मिलने वाले दुखों से पार पाया जाए। एक-जीवन संस्कृतियों में ईश्वर बाहर होता है और जब हम अपना एकमात्र जीवन जी रहे होते हैं, वह हमें देख रहा होता है, प्यार कर रहा होता है, आकलन कर रहा होता है। अनेक जीवन संस्कृतियों में ईश्वर अंदर होता है और अनेक जीवनों में, धैर्य पूर्वक अपने को ढूँढ़े जाने का इंतज़ार करता है।

कर्म का अर्थ क्रिया है। कर्म का अर्थ क्रिया की प्रतिक्रिया भी है। पिछली क्रियाओं की प्रतिक्रिया उन परिस्थितियों को बनाती है, जिनका हम अपने इस जीवन में सामना करते हैं। इसलिए, हम जब किसी अवसर का सामना करते हैं, वह हमने कुछ जो पहले किया था उसके कारण होता है। किसी अवसर या किसी ख़तरे पर हमारी जो प्रतिक्रिया होती है, वही हमारा वर्तमान और हमारा भविष्य तय करती है। यह कर्म है। यह कर्म, एक तरह के लौकिक न्याय- जैसा बोओगे वैसा काटोगे, की लोकप्रिय समझ से बहुत अलग है। और भाग्यवाद तो कदापि नहीं है : आपकी ज़िंदगी पिछले कर्मों से निर्धारित होती है। हमारे नियंत्रण में जो है, वह हमारी अभी की जाने वाली क्रिया है। अगर हमारे जीवन की परिस्थितियाँ दुख और दुर्भाग्य से भरी हुई हैं, तो ये पिछली क्रियाओं के बड़े भार को दिखाती हैं। क्या हम परिस्थितियों को बदल सकते हैं? नहीं। फिर हम क्या कर सकते हैं? इस छंद की सलाह है कि हम हनुमान के गीत गाएँ और राम को पाएँ।

चौपाई 33 : कर्म और पुनर्जन्म

रामायण से पता चलता है कि बग़ैर किसी ग़लती के, किस तरह अच्छे से अच्छे लोगों के साथ, ऐसे कारणों से जिन पर उनका कोई नियंत्रण नहीं होता, बुरी घटनाएँ हो जाती हैं। राम को परिस्थितियों के कारण वनवास दिया जाता है, क्योंकि उनके पिता ने उनकी सौतेली माता से एक वादा किया था, और क्योंकि उनकी सौतेली माँ महत्त्वाकांक्षी थी और एक राजकुमार होने के नाते राजसी वादे को मानना उनका कर्तव्य था। ऐसा इसलिए नहीं हुआ कि वे एक बुरे इंसान थे या उनके परिवार में कोई उनसे नफ़रत करता था अथवा उन्हें चोट पहुँचाना चाहता था। इसी तरह, सीता भी नेक काम कर रही थीं, वे एक भूखे को खाना खिला रही थीं। लेकिन इसका परिणाम बहुत बुरा हुआ। भूखा आदमी एक राक्षस निकला, जिस ने उनका अपहरण कर लिया। न तो राम और न ही सीता कभी अपने आसपास के लोगों पर नाराज़ होते हैं और न ही वे उन्हें अपने दुर्भाग्य का दोष दे रहे हैं। वे दूसरों पर कोई निर्णय लिए बिना दुख झेलते हैं और दुख से निबटने के लिए आंतरिक शक्ति पाते हैं। आंतरिक शक्ति आत्मा से आती है। अहम् हमें दोष देने वाला बनाता है।

हिंदू पौराणिक कथाओं में, भगवान भी कर्म के दायरे से बाहर नहीं हैं। नारदीय पुराण में एक कहानी है, जिसमें एक बार नारद, विष्णु से उन्हें हरि का चेहरा देने को कहते हैं। विष्णु का नाम हरि, एक संज्ञा विशेष भी है और वानर को दर्शाती जातिवाचक संज्ञा भी। एक राजकुमारी को प्रभावित करने के लिए नारद, विष्णु का चेहरा चाहते थे। लेकिन विष्णु ने उन्हें एक वानर का चेहरा दे दिया। जब राजकुमारी ने नारद का चेहरा देखा, तो उसका हँसते-हँसते पेट फूल गया। और जब नारद को विष्णु की शरारत का पता चला, तो उन्होंने विष्णु को शाप दिया कि जब तुम पृथ्वी पर राम बन कर अवतरित होगे, तुम्हारी सफलता एक वानर पर निर्भर होगी। तो आगे चलकर ऐसा हुआ कि सीता को ढूँढ़ने और रावण को पराजित करने के लिए राम को हनुमान की सहायता की ज़रूरत हुई। शाप कर्म को समझाने का एक पौराणिक ज़रिया है।

चौपाई 34 : स्वर्ग

अंत काल
रघुबर पुर जाई।
जहाँ जन्म
हरिभक्त कहाई।।

अंततः
सब राम के स्वर्ग जाते हैं।
जहाँ अनंतकाल के लिए
राम के भक्त जाने जाते हैं।

अगर इसके पहले वाले छंद में पुनर्जन्म की बात हुई, तो यह छंद राम के स्वर्ग में अमर जीवन की बात कहता है। पिछले छंद में बताया गया कि हनुमान के भजन गाने से हमें पिछले जन्मों के कर्मों के फलस्वरूप इस जन्म में उत्पन्न होने वाले कष्टों को सहन करने की क्षमता मिलती है। इस छंद में वैसा ही

किए जाने पर हमें अमरत्व और मरणोपरांत शांति मिलती है। इस तरह ये दो छंद हिंदू परलोक सिद्धांत पर आधारित हैं : मृत्यु, पुनर्जन्म और मुक्ति। छंद हमें हनुमान चालीसा के चौथे हिस्से में प्रवेश कराता है। जहाँ पहले के छंद जन्म (देवता का) की बात करते हैं, इस चौथे और अंतिम हिस्से में मृत्यु (भक्तों की) की बात होती है।

हिंदुओं के अंतिम संस्कार में मृत शरीर को जला दिया जाता है और हड्डियों को नदी में प्रवाहित कर दिया जाता है। इस तरह आग और पानी मृतक को ले लेते हैं। आग अमरत्व के वादे का रूप है, जबकि पानी पुनर्जन्म के वादे का रूप है। अमरत्व और पुनर्जन्म मृत्यु के बाद के दो विकल्प हैं।

3000 वर्षों से ज़्यादा पुरानी वैदिक संहिता मृत्यु न होने वाली एक इकाई (प्राण, आत्मा, जीव) की बात कहती है। लेकिन पुनर्जन्म का यह विचार ढाई हज़ार वर्ष पूर्व उपनिषदों में आकार लेता है। जिन्होंने ज़िंदगी में अच्छे काम किए हैं, उनके लिए अल्पकालिक आनंद की जगह स्वर्ग और जो पुनर्जन्म के चक्र से मुक्ति चाहते हैं, उनके लिए वैकुंठ का विचार 2000 वर्ष पूर्व महाभारत में पहली बार नज़र आता है।

पुराणों के अनुसार, पुनर्जन्म स्वर्ग में हो सकता है, जहाँ अच्छे कर्मों के फल का आनंद उठाया जा सकता है या नरक में, जहाँ हर हाल में बुरे कर्मों का नतीजा भुगतना पड़ता है। स्वर्ग में देवों के राजा इंद्र का शासन चलता है और नरक में पितृ और प्रेतों के राजा यम का शासन चलता है। लेकिन महाभारत के अनुसार दोनों ही स्थानों पर निवास अस्थायी होता है। अपने अच्छे कर्मों का संग्रह ख़त्म होने के बाद हम स्वर्ग से नीचे लुढ़कते हैं, अपने सभी बुरे कर्मों का नतीजा भोग चुकने के बाद हम नरक से ऊपर उठ जाते हैं।

गरुड़ पुराण में इसे विस्तार देते हुए अलग-अलग बुरे कर्मों की सज़ा के लिए अलग-अलग कक्षों का विवरण दिया गया है। यम के सहयोगी, चित्रगुप्त खातों की किताब सँभालते हैं, जो यह तय करती है कि हमें स्वर्ग में जाना है या नरक में; और अगर स्वर्ग में, तो किस स्वर्ग में और कितने वक़्त के लिए और अगर नरक में तो किस नरक में और कितने वक़्त के लिए। अपने कर्मों के बोझ के अनुसार, हम अपने जीवन के बाद ऊपर या नीचे आते-जाते रहते हैं।

चौपाई 34 : स्वर्ग

कर्मों के चक्र से छुटकारा पाना मुक्ति है- एक बही-खाता जिसमें कोई ऋण चुकाने को न हो। तब हम अपनी पसंद के स्वर्ग में जाते हैं और हमेशा वहीं रहते हैं, मृत्यु और दर्द का वहाँ कोई अनुभव नहीं होता। हम अपने पसंद के देवता को देखते रहते हैं। विष्णु पुराण और शिव पुराण में विष्णु का स्वर्ग वैकुंठ और शिव का स्वर्ग कैलाश है। बाद में हमें कृष्ण के स्वर्ग गोलोक और राम के स्वर्ग साकेत या रघुवीरपुर का संदर्भ मिलता है। कुछ और बाद में, देवताओं की लोकप्रियता के अनुसार और स्वर्ग भी आते हैं, जैसे गणेश का इक्षु वन (गन्ने का जंगल) और हनुमान का कदली वन (केलों का जंगल)।

इन निर्माणों ने साधारण मनुष्य के मोक्ष जैसे निराकार विचारों को आकार दिया। उसे एहसास हुआ कि मृत्यु के बाद हनुमान की सहायता से एक ऐसे संसार में रहने की संभावना है, जहाँ आत्मा के अवतार, राम के चेहरे को देखा जा सकता है, एक ऐसा संसार जहाँ डर और भूख नहीं हैं, भोजन की कोई कमी नहीं है और हमारे अस्तित्व को कोई ख़तरा नहीं है। यह राम का राज्य है, जिनके बग़ल में सीता और लक्ष्मण होते हैं और चरणों में हनुमान।

चौपाई 35 : एक ही पर्याप्त है

और देवता
चित्त न धरई।
हनुमत सेइ
सर्ब सुख करई।।

बाक़ी सभी देवता
नहीं जुड़ पाते।
हनुमान अकेले
सारे आनंद देते।

यह छंद सवाल उठाता है : हिंदू धर्म एकेश्वरवादी है या बहुदेववादी? क्योंकि यहाँ हनुमान को हर ख़ुशी का स्रोत बताया गया है, तो फिर बाक़ी देवताओं से क्या मतलब? बाक़ी देवताओं का मज़ाक़ नहीं उड़ाया गया है; बस ऐसे देखा गया है कि उनकी ज़रूरत नहीं है।

19वीं सदी में यूरोपियन ओरिएंटलिस्ट अध्ययनों के उदय के पहले एकेश्वरवाद और बहुदेववाद का सवाल निरर्थक था। उपमहाद्वीप में अपना राज्य स्थापित करने के बाद मुस्लिम शासकों ने इस पर ध्यान नहीं दिया। यही कारण है कि मुस्लिम समुदाय और हिंदू समुदाय कमोबेश सौहार्द्र में रहे। लेकिन यह सारा सौहार्द्र तब बिगड़ गया, जब यूरोपीय शासक इस सोच में पड़े रहे सच्चा धर्म क्या है? उनकी नज़र में बहुदेववाद आदिम, बुतपरस्त, झूठा और इसलिए मिथक था। एकेश्वरवाद ठीक था, ख़ास करके वह जिसमें ईसा मसीह को भगवान के बेटे की तरह देखा जाता था, लेकिन वह नहीं जिसमें मुहम्मद को भगवान के अंतिम और निर्णायक पैगंबर की तरह देखा जाता था।

बीसवीं सदी के उत्तरार्ध में उत्तर आधुनिक अध्ययनों के उदय से 'मिथ' शब्द के साथ चल रही राजनीति का खुलासा हुआ और इसे झूठ और कल्पना से जोड़ा जाना ख़त्म हुआ। आज बहुदेववाद और एकेश्वरवाद, दोनों ही विचारधारा और धर्मशास्त्र की तरह दो अलग-अलग पौराणिक विश्वास,

चौपाई 35 : एक ही पर्याप्त है

वैचारिक सांस्कृतिक सत्य के रूप में रखे जाते हैं और मापे तथा सिद्ध किए जा सकने वाले वैज्ञानिक सत्य से अलग माने जाते हैं। बेशक, कट्टरपंथी और यहाँ तक कि कई इतिहासकार, शिक्षाविद और वैज्ञानिक अब भी पुरानी औपनिवेशिक व्याख्या से चिपके हुए हैं।

यूनानी पुराण बहुदेववादी हैं, जबकि अब्राहम पुराण एकेश्वरवादी है। रोमन साम्राज्य जब ईसाई बन गया, बहुदेववाद को झूठा धर्म कह के खारिज कर दिया गया। हिंदू पुराण हमेशा से एक साथ बहुदेववादी और एकेश्वरवादी दोनों रहे हैं। और वही एक भगवान कई देवताओं का अवतार ले लेता है, दूसरे शब्दों में 'संपूर्ण' अंशों में अवतरित हो जाता है और हर 'अंश' संपूर्ण की अभिव्यक्ति होता है। संपूर्ण अनंत होता है अंशसीमित; अनंत संपूर्ण तक सीमित अंश के माध्यम से पहुँचा जाता है। यह दृष्टिकोण सिर्फ़ हिंदू धर्म में है और अधिकांश ग़ैर-हिंदुओं के लिए समझ से परे है।

हिंदू धर्म के लिए कथेनोथेइस्म शब्द का प्रयोग बहुत किया जाता है, जिसमें एक वक़्त में बिना अन्य देवों का निरादर किए, एक देव की पूजा की जाती है और उस देव को अनंत निराकार देवत्व या ईश्वर के प्रतिनिधि की तरह देखा जाता है। इष्ट देवता, यानी वह भगवान जिस का आह्वान किया जा रहा है और जिसके माध्यम से भक्त परम-आत्मा तक पहुँचता है। हर देवता एक ही परमात्मा तक पहुँचने के सिंहद्वार जैसा है और हर देवता अपने निश्चित रूप के बावजूद पूरी तरह से अनंत का अवतार है।

हिंदू मंदिरों में हनुमान को एक स्वतंत्र देवता के रूप में भी और राम के परिवार के हिस्से की तरह भी देखा जा सकता है। वैसे ही, जैसे गणेश या मुरुगन को अपने में स्वतंत्र देवता की तरह भी देख सकते हैं और शिव के परिवार के अंग की तरह भी। एक देवता कई देवताओं के पर्याजीवन में होता है और उसी समय वह अपने में सभी देवताओं को भी शामिल किए होता है।

हनुमान एक हैं। लेकिन साथ ही साथ वे अनेक हैं। उनके ज़रिए से हम संन्यासी शिव, गृहस्थ विष्णु और प्रकृति को अवतरित करती देवी तक पहुँचते हैं। वे एक वैदिक विद्वान हैं और साथ ही साथ एक शक्तिशाली तांत्रिक योद्धा भी हैं। वे भक्ति का अवतार हैं। वे साहित्य और कला, गीत और संगीत, शारीरिक साहस और साथ ही साथ मार्शल आर्ट से जुड़े हैं। वे अपने साथ दुर्गा (शक्ति), सरस्वती (ज्ञान) और लक्ष्मी (समृद्धि) लाते हैं।

जिन्हें इस बात से दिक़्क़त है कि एक ब्रह्मचारी की पूजा कैसे की जाए, तो भारत में ऐसे मंदिर भी हैं, जहाँ हनुमान की पत्नी हैं (उदाहरण के लिए हैदराबाद में), और ऐसे भी जिनमें उन्होंने देवी की तरह दिखने के लिए नाक में नथ पहनी हुई है (छत्तीसगढ़ के रतनपुर में)। इसलिए, यह छंद कह रहा है कि अनंत की साधना करने के लिए सबसे अच्छा रास्ता, ये अकेले देवता हैं।

चौपाई 36 : समाधानकर्ता

संकट कटै
मिटै सब पीरा।
जो सुमिरै
हनुमत बलबीरा।।

समस्याएँ समाप्त
दर्द दूर हो जाए।
जब कोई याद करता है
वीर नायक, हनुमान को।

यह छंद फिर से दोहराता है कि हनुमान हमारे लिए क्या कर सकते हैं : समस्याओं को मिटाना और दर्द को दूर किया जाना।

रामायण में हनुमान, राम की समस्याओं को हल करते हैं। वे समुद्र फाँदकर लंका जाते हैं और राम की खोई पत्नी सीता को ढूँढ़ते हैं। वे जड़ी-बूटियों का पहाड़ उठा कर लाते हैं और राम के घायल भाई लक्ष्मण की जान बचाते हैं। यहाँ तक कि वे पाताल भैरवी में महिरावण के द्वारा राम की बलि चढ़ने से बचाते हैं। अगर वे भगवान की सहायता कर सकते हैं, तो मानवता की तो ज़रूर कर सकते हैं। शायद यह उनकी ज़बरदस्त लोकप्रियता को बताता है। पूरे भारत में, पहाड़-पहाड़ियों की सड़क की शुरुआत में हनुमान के मंदिर नज़र आते हैं। रास्ते में आने वाली मुसीबतों का सामना करने के लिए और उन्हें दूर करने के लिए कारों, बसों, ट्रकों से सफ़र करते लोग इन मंदिरों में पैसे चढ़ाते हैं। पहाड़ों के दूसरी तरफ़ भी, एक मंदिर होता है, जहाँ रास्ते में आने वाले सभी बड़े ख़तरों को दूर रखने और उनसे बचाने के लिए यात्री हनुमान को धन्यवाद दे सकता है। अधिकतर गाँवों की सीमा पर और अधिकतर हिंदू श्मशानों में बीमारियों और राक्षसों, भूतों और प्रेतों से रक्षा करती, लाल-नारंगी रंग की, मदार के फूल और पत्तियों से सजी, तिल के तेल से चमकती हनुमान मूर्ति दिखाई देती है। वे पुरुषत्व के सकारात्मक पक्ष को अवतरित करते हैं, लेकिन नकारात्मक पक्ष (वर्चस्व) को नहीं।

चौपाई 36 : समाधानकर्ता

जब हनुमान लंका के रास्ते पर समुद्र के ऊपर उड़ रहे थे, उन्होंने कई राक्षसों को हराया था। लेकिन वे आराम करने के लिए नहीं रुके। समुद्र के अंदर से मैनाक पर्वत ने बाहर आकर राम के दूत से अपनी ढलानों पर कुछ समय बैठने का आग्रह किया। हनुमान ने विनम्रता से इनकार कर दिया, क्योंकि उन्होंने जिस काम का ज़िम्मा उठाया था उसे पूरा करना था। इस तरह हनुमान, निस्वार्थता, प्रतिबद्धता और अखंडता के साथ कठिन से कठिन काम को बिना आराम किए पूरा करने का प्रतीक हैं। हम अपने साथ हनुमान जैसे किसी के होने के लिए तड़पते हैं। और उन्हें अपने पक्ष में करने के लिए हमें दिल में राम को जगाना पड़ता है।

रामायण के लोक पुनर्पाठ में यह प्रसंग आता है कि रावण ने शनि देवता, मंगल देवता और रोग व मृत्यु के देवता प्रेत-राजा या महाकाल या यम को अपने सिंहासन के नीचे क़ैद किया हुआ था। उन्हें हनुमान ने छुड़ाया था। इसलिए शनि, मंगल और महाकाल हनुमान के ऋणी हैं। अगर शनि के दिन, शनिवार को हनुमान की पूजा की जाए, तो शनि देव अपनी बुरी शक्तियों का प्रयोग नहीं करते। यदि मंगल के दिन, मंगलवार को हनुमान की पूजा की जाए, तो कलह करने वाले मंगल देव अपनी बुरी शक्तियों का प्रयोग नहीं करते और यदि रात के समय जब प्रेतराज का शासन चलता है, हनुमान की पूजा की जाए, तो बीमारियाँ और मृत्यु देने वाली बुरी शक्तियों और काले जादू का असर नहीं होने पाता।

ज्येष्ठ (मई-जून) में लखनऊ में धूमधाम से मनाया जाने वाला बड़ा मंगल त्योहार लखनऊ के नवाबों ने शुरू किया था। यह त्योहार एक निर्माण स्थल पर हनुमान की मूर्ति मिलने के बाद शुरू हुआ था। कहा जाता है कि वह हाथी जिस पर हनुमान की मूर्ति नई जगह के लिए रखी थी, वह एक स्थान पर रुक गया और वहाँ से हिलने से इनकार कर दिया। इसलिए वह स्थान जहाँ वह हाथी रुका था, वहीं मंदिर का निर्माण हुआ। इस त्योहार में वहाँ के हिंदू और मुसलमान भी हिस्सा लेते हैं, जो मंगलवार की पूरी रात बड़ा हनुमान के दर्शन के लिए लंबी क़तारों में खड़े रहने वाले भक्तों को पानी पिलाते हैं।

चौपाई 37 : गुरु और गोसाईं 139

यह छंद हनुमान के सबसे मौलिक रूप को दर्शाता है। मानवता के सबसे प्राचीन अतीत से मेल खाता है, जब लोग दैवीय शक्तियों से मात्र ख़तरों से सुरक्षा और बीमारियों से इलाज जैसी सामान्य चीज़ें चाहते थे। हनुमान की वह बहुमुखी प्रतिभा, जो सबसे साधारण से लेकर सबसे परिष्कृत तक फैली हुई है, का ज़िक्र अगले छंद में हुआ है, जिसमें मानवता की बड़ी ज़रूरतों को संबोधित किया गया है।

चौपाई 37 : गुरु और गोसाईं

जै जै जै
हनुमान गोसाईं।
कृपा करहु
गुरुदेव की नाईं।।

जय, जय, जय
बुद्धि के देवता, हनुमान।

चौपाई 37 : गुरु और गोसाईं

उतने दयालु रहें
जितने गुरु हैं।

इस छंद में, हनुमान को गोसाईं कहा गया है और उनसे कहा जा रहा है कि आप अपने गुरु की तरह ही दयालु रहिए। इसलिए, हनुमान, जिनसे पिछले छंद में भौतिक समस्याओं को समझाने और भौतिक दर्द को मिटाने के लिए कहा जा रहा था, उनसे भौतिक बंधनों से मुक्ति पाने के लिए आध्यात्मिक ज्ञान देने की प्रार्थना की जा रही है।

गोसाईं या गो-स्वामी शब्द एक वैदिक रूपक है। प्राचीन हिंदुओं को इस बात का पता था कि हमारा दुनिया को समझना, हमारे आसपास की दुनिया को संवेदनशील जागरूकता से देखने से शुरू होता है। पाँच संवेदी इंद्रियाँ ज्ञान-इंद्रियाँ, हमारे दिमाग़ (मानस) को संदेश पहुँचाती हैं और भावनाओं (चित्त) को उत्तेजित करती हैं और अंततः हमारी समझ (बुद्धि) से निर्णय दिलाती हैं, जो हमारी पाँच कर्म इंद्रियों के माध्यम से सामने आता है। हमारी समझदारी हमारे अहम् द्वारा नियंत्रित होती है और सिर्फ़ एक गुरु के मार्गदर्शन से ही हम -अपनी आत्मा और अपना यथार्थ, जिसे मृत्यु का कोई डर नहीं होता, जो न तो भूखा होता है और न ही असुरक्षित, और इसलिए दूसरों (पर-जीव) से सहानुभूति रख सकता है- अहम् से मुक्त हो सकते हैं। इंद्रियाँ जो निरंतर संवेदनशील उत्तेजनाओं की दुनिया से जुड़ी होती हैं, उन्हें चरागाह में घास चरती गाय का रूप अलंकार दिया गया था। वह जिसका इन पर पूरा नियंत्रण था, गोस्वामी या गोसाईं, सभी ज्ञान गायों का स्वामी था। इसलिए गोसाईं, वैष्णवों और कृष्ण को मानने वालों द्वारा प्रायः योगी के लिए प्रयोग होता था। यह शिष्यों द्वारा गुरुओं को दी जाने वाली पदवी था।

अगर हनुमान गोसाईं हैं, तो हनुमान का शिक्षक कौन है? क्या वे सूर्य देवता हैं? या सूर्यवंश के देव राम हैं? या वे राम की शक्ति, सीता हैं? शायद तीनों ही। गुरु और गोसाईं के बीच का यह अंतर वैसा ही है, जैसा ईसाई धर्म में जेहोवा और ईसा मसीह के बीच, इस्लाम धर्म में अल्लाह और पैग़ंबर मुहम्मद के बीच और बौद्ध धर्म में बुद्ध और बोधिसत्व के बीच में है। संसारभर की धार्मिक परंपराओं में, आध्यात्मिक और भौतिक के बीच, देवता

चौपाई 37 : गुरु और गोसाईं

और भक्त के बीच, मीमांसात्मक और प्रतीयमान के बीच एक माध्यम अवश्य है। हनुमान को यही भूमिका दी जा रही है। गुरु का गोसाईं।

हनुमान चालीसा उस समय लिखी गई थी, जब मुग़लों ने गंगा के मैदानी हिस्सों पर अपना अधिकार स्थापित कर लिया था, भगवान और पैग़ंबर की इस्लामी धारणा से लोग काफ़ी परिचित थे। हिंदुओं के लिए गुरु वैसे ही हो गया, जैसे इस्लाम में पैगंबर थे। यदि मुस्लिमों के पास अल्लाह के पैग़ंबर थे, तो हिंदुओं के पास राम के राम-दूत थे। यह समानता आसान तो थी, लेकिन भ्रामक थी। आसान इसलिए कि बहुलता की भावना के मद्देनज़र, इसने दो धर्मों के बीच बातचीत हो सकने के लिए एक संबंध स्थापित किया। और भ्रामक इसलिए कि भगवान और गुरु की हिंदू अवधारणा भगवान और दूत की इस्लामी अवधारणा से बहुत अलग है।

इस्लाम में भगवान निराकार है और समय और स्थान से परे दृढ़तापूर्वक स्थित है। जबकि पैग़ंबर साकार हैं और इतिहास व भूगोल में मौजूद हैं। हिंदू धर्म में ईश्वर एक ही समय में निराकार और साकार (शिव-विष्णु) हैं, एक ही समय में समय और स्थान से बाहर (विष्णु) हैं और इतिहास और भूगोल के अंदर (राम और कृष्ण) हैं। गुरु एक बाह्य और वास्तविक इंसान (शंकराचार्य, रामानुजाचार्य, माधवाचार्य, रामानंद, तुलसीदास) हो सकता है या एक देवता हनुमान हो सकता है या हमारे दिल और दिमाग़ के भीतर की कोई आवाज़ हो सकता है। भागवत पुराण में, आदि गुरु दत्तात्रेय प्रकृति को अपना गुरु बताते हैं। तंत्र में शिव शक्ति के गुरु हैं, शक्ति शिव की गुरु हैं। इसलिए हिंदू धर्म में गुरु गोसाईं है और गोसाईं गुरु है, और गुरु ईश्वर है और ईश्वर गुरु है। संदेश और संदेशवाहक घुल-मिल गए हैं। समय, स्थान और लोग एक ही समय में बाहर और भीतर हैं, शाब्दिक और रूपक हैं, अंतर्निहित और ज्ञानातीत हैं, वस्तुनिष्ठ और आत्मनिष्ठ हैं, भौतिक और मनोवैज्ञानिक हैं। हिंदू धर्म का यह लचीला स्वरूप बाहरी लोगों के लिए बहुत उलझा हुआ है, वैसे ही उलझा हुआ जैसे भारतीय सिर हिलाना (इंडियन हेड शेक)।

चौपाई 38 : मुक्ति

जो सत बार
पाठ कर कोई।
छूटहि बंदि
महा सुख होई।।

कोई जो एक सौ बार
इस गीत को दोहराता है।
मुक्ति पाएगा
और बहुत ख़ुश रहेगा।

यह छंद कहता है कि हनुमान चालीसा को सौ बार पढ़ने से हमें मुक्ति मिल जाती है। हनुमान ऐसा करेंगे; यह वही उदारता है जिसे प्रदान करने की माँग उनसे पिछले छंद में की गई है।

हिंदू धर्म में ख़ुशियाँ दो प्रकार की होती हैं : भौतिक और आध्यात्मिक। भौतिक ख़ुशी में हमारी इच्छाएँ पूरी होती हैं। आध्यात्मिक ख़ुशी में हम इच्छा से ही परे हो जाते हैं। दूसरी ख़ुशी को पाने का तरीक़ा सिर्फ़ गुरु को पता है, जो उसे योग्य शिष्यों को बताते हैं- गोसाईं, जो योग तकनीकों को पूरी तरह सीख लेते हैं। लेकिन इस छंद के मुताबिक़, सिर्फ़ हनुमान चालीसा का पाठ करना भर हनुमान को बुला देगा और वे हमें आध्यात्मिक ख़ुशियाँ देंगे। इच्छाओं से यह ऊपर उठना ही मुक्ति है।

बहुत लोग मुक्ति के हिंदू विचार को ईसाई धारणा 'साल्वेशन' समझ लेते हैं। ईसाई पुराणों में मनुष्य पाप में पैदा होता है और उसे नरक से तभी बचाया जा सकता है, जब वह दुनिया के सारे पापों को ख़ुद में लेने वाले, भगवान के पुत्र ईसा मसीह के प्यार को स्वीकार कर लेता है। यह 'साल्वेशन' है। हिंदू पुराणों में मनुष्य क़र्ज़ में पैदा होता है और इच्छाओं में डूबकर क़र्ज़ को बढ़ाता है। मुक्ति तब मिलती है, जब हम इस क़र्ज़ को उतार देते हैं और फिर कोई क़र्ज़ नहीं लेते।

वैदिक काल में यज्ञ का उद्देश्य केवल भौतिक ख़ुशियों को पाने के लिए किसी देवता का आह्वान होता था। मगर तभी बुद्ध आते हैं और घोषणा करते हैं कि भौतिक ख़ुशियों की इच्छाएँ सभी दुखों की जड़ हैं। उन्होंने लोगों को भिक्षु बनने के लिए प्रोत्साहित किया। जैसे-जैसे शादी के बजाय मठ की ज़िंदगी जीने वालों की संख्या बढ़ने लगी, सामाजिक संरचना ख़तरे में पड़ गई। इसलिए धर्मशास्त्रों का लेखन किया जाता है और क़र्ज़ का विचार हमें समझाया जाता है। यह बहस की गई कि मुक्ति तब तक नहीं हो सकती, जब तक पूर्वजों (पितृ) के क़र्ज़ को नहीं उतार दिया जाता। उन्होंने हमें ज़िंदगी दी, और अब मृतकों के देश में धैर्य के साथ अपने वंशजों के माध्यम से जीवितों के देश में वापस आने का इंतज़ार कर रहे हैं। जंगल में रहने वाले उन साधुओं की कहानियाँ सुनाई गईं, जिन्होंने अपने पीड़ित पूर्वजों को यह कहते हुए देखा कि वे शादी करें और संतान पैदा करें। जीवन के दायित्व को पूरा करने के बाद ही मुक्ति मिल सकती है। दूसरे शब्दों में, सेवानिवृत्ति के बाद।

चौपाई 38 : मुक्ति

बाद में, भगवद् गीता में, हमें पता चलता है कि मुक्ति पाने के लिए दुनिया को त्यागना या सेवानिवृत्त होना ज़रूरी नहीं है। हम गृहस्थ रहते हुए भी मुक्त हो सकते हैं, अगर हम अपने कर्तव्यों को बग़ैर किसी अपेक्षा के निभाते जाएँ। यह विचार कि समाज का दायित्व निभाने वाला सदस्य होते हुए मुक्त हुआ जा सकता है, राम के विचार में निहित है। हमें बताया गया, हनुमान चालीसा का पाठ हमें कर्तव्य को पूरा करने की शक्ति देगा, जिससे हम अपने क़र्ज़ उतार सकेंगे और साथ ही साथ अपनी इच्छाओं पर विजय पाएँगे और नया क़र्ज़ लेना रोक पाएँगे।

अगर हम अपनी ज़िंदगी अपने दुखों और डरों में लिप्त होकर बिताएँगे, तब हम वह क़र्ज़ पैदा करेंगे, जिन्हें हम अपने अगले जीवन में चुकाने के लिए बाध्य होंगे। इस तरह हम जन्म और मृत्यु के चक्र में फँसे हुए हैं। क़र्ज़ पैदा किए जाने का बंद होना ही इस चक्र को तोड़ने का एकमात्र रास्ता है। यह भूख और डर से बाहर निकलने की माँग करता है। यह तभी हो सकता है, जब हम अपने आसपास के लोगों की भूख और डर से

सहानुभूति रख सकें। जब हम दूसरों से सहानुभूति रखते हैं और उनके लिए काम करते हैं, राम की तरह और हनुमान की तरह जो राम की सेवा करते हैं, तब हम राम से मिलकर एक हो जाते हैं, जिस पर कोई क़र्ज़ नहीं है या जिसकी कोई इच्छा नहीं है और जो इसलिए अंदर से हमेशा शांतचित्त हैं। स्वयं (जीव-आत्मा) का दिव्य (परम-आत्मा) से यह मिलन मोक्ष कहलाता है। और इसे पाने का सबसे आसान रास्ता हनुमान चालीसा का सौ बार पाठ किया जाना है।

चौपाई 39 : कविता का शीर्षक

जो यह पढ़ै
हनुमान चालीसा।
होय सिद्धि
साखी गौरीसा।।

कोई जो पढ़ता है
हनुमान के इन चालीस छंदों को
जो चाहता है उसे प्राप्त होता है
एक दावा जिसके साक्षी गौरी के देव (शिव) हैं।

इस छंद में कविता का शीर्षक भी है और साथ ही साथ कविता का वादा भी है। यहाँ हमें पहली बार पता चलता है कि इस कविता को हनुमान चालीसा कहा जाता है। और हमें इसको पढ़ने का फ़ायदा बताया जा रहा है। यह एक फल-स्तुति है, यानी जाप के लाभ। अगर कोई हिंदू अनुष्ठान इच्छा के बीज की बुवाई, यानी संकल्प से शुरू होता है, तो वह हमेशा इस उद्यम में किए गए वादों की सूची, फल-स्तुति से ख़त्म होता है। और जो फल मिलना है, वह है किसी भी इच्छा का पूरा होना।

हम किसी भौतिक इच्छा का पूरा होना चाह सकते हैं, जैसे समस्याओं का समाधान, शारीरिक कष्ट से मुक्ति, किसी व्यापार में सफलता या हम

किसी गुप्त सहायता की चाहत रखते हों, जैसे- दुनिया पर नियंत्रण की शक्ति या मनोवैज्ञानिक सहायता, जैसे- डर का समाधान और छुटकारा या हम पुनर्जन्म के चक्र से मुक्ति पाने जैसी कोई आध्यात्मिक सफलता चाहते हों। हम जो भी चाहते हों, यह छंद बार बार हनुमान चालीसा के पाठ से उसे पाना तयशुदा बताता है।

यहाँ चकित करने वाला शब्द है साक्षी। यह लगभग वैसा ही है, जैसे कवि ने पारंपरिक अब्राहमिक वाक्य, 'एज गॉड इज़ माय विटनेस!' 'जैसा कि मेरा भगवान गवाह है!' का प्रयोग किया हो। गवाह के आने से वादा महज़ एक कहने की बात नहीं रह जाता, बल्कि एक वास्तविक तथ्य में बदल जाता है। वादा करने वाले गौरी के पति, शिव, भोले साधु हैं और जिनके पास इसकी झूठी गवाही देने का कोई कारण नहीं है। इसलिए यह छंद इस रचना के वादे की वैधता को बढ़ा देता है। लेकिन, साक्षी को देखने का एक और तरीक़ा है। इस ब्रह्मांड का अंतिम साक्षी कौन है? वेदों में एक पंक्ति है, 'समाने वृक्षे पुरुषों निमग्नोऽनाशया शोचति मुह्यमानः', वह पक्षी जो एक दूसरे पक्षी को फल खाता हुआ देखता है। हम वह पक्षी हैं जो फल खा रहे हैं, अपनी इच्छाओं का पूरा होना चाह रहे हैं और जो पक्षी हमें फल खाते हुए देख रहा है, वह है गौरी का भगवान, शिव।

शिव, ईश्वर का संन्यासी रूप कभी भूखा नहीं होता, जबकि विष्णु, ईश्वर का गृहस्थ रूप, जो राम के रूप में अवतरित होता है, भूखे पक्षी को -हनुमान की सहायता से- फल खाने में सक्षम बनाता है। तो जब हनुमान हमें अपनी इच्छा को पूरा करने में सक्षम बनाते हैं, यह पूरी प्रक्रिया अंदर की आत्मा, शिव, जिसे कुछ नहीं चाहिए, द्वारा देखी जा रही होती है। शायद एक दिन हम जो कुछ चाहते हैं उसे पाने के बाद, हमें यह एहसास हो कि कैसे इच्छाएँ कभी ख़त्म नहीं होतीं और तब हम देखेंगे उपलब्धियों की निरर्थकता और स्वयं साक्षी बन जाएँगे इस दुनिया के और उस भूख के, जो लोगों को प्रेरित करती है, क्रिया और प्रतिक्रिया के लिए, मरने और फिर दोबारा जन्म लेने के लिए।

चौपाई 40 : कवि के बारे में

तुलसीदास
सदा हरि चेरा।
कीजै नाथ
हृदय मँह डेरा।।

तुलसीदास,
भगवान का चिरकालिक सेवक
इच्छा करता है कि भगवान
हमेशा उसके दिल में रहें।

इस छंद में हमें पता चलता है कि इस रचना के रचयिता तुलसीदास हैं। मौखिक परंपरा में, कवि द्वारा अपने नाम को रचना में शामिल किया जाना एक आम बात थी। जैसे, एक लेखक द्वारा अपने शब्दों पर हस्ताक्षर किए जाना।

जब हम तुलसीदास के जीवन का अध्ययन करते हैं, तब हमें समझ आता है कि क्या कारण था कि रामचरितमानस जैसी शानदार और

साहित्यिक रचना के बाद, उन्होंने इस सरल और लोकप्रिय हनुमान चालीसा की रचना की।

तुलसीदास का जन्म क़रीब 500 वर्ष पहले, गंगा के मैदानी इलाक़ों में हुआ था। उनके माता-पिता ने उन्हें जन्म के समय ही त्याग दिया था, क्योंकि उनकी कुंडली में उनका दुर्भाग्यशाली होना लिखा था। उनका नाम रामबोला रखा गया, क्योंकि जो पहले शब्द उन्होंने बोले थे वे 'राम-राम!' थे। वे जब बच्चे ही थे, तभी उन्हें पालने वाली दाई की मृत्यु हो गई। जब वे अपने असली माता-पिता की खोज में निकले, तो उन्हें पता चला कि उनकी पहले ही मृत्यु हो चुकी है। बहुत दिनों तक उन्होंने भीख माँगकर जीवन चलाया, लेकिन एक दिन भाषा पर उनके बेहतरीन नियंत्रण को देख कर संत रामानंद के शिष्य, नरहरिदास, बालक रामबोला को अपने साथ ले गए और उसका नाम तुलसीदास रखा। संस्कृत और वैदिक ग्रंथों के अलावा तुलसीदास अयोध्या और वाराणसी की क्षेत्रीय भाषा अवधी भी जानते थे। उन्होंने पहली बार राम की कहानी अपने गुरु से सुनी थी।

कुछ जगहों पर ऐसा भी कहा जाता है कि तुलसीदास ने शादी की थी। उनकी एक संतान थी, जिसकी मृत्यु जन्म के समय हो गई थी। वे अपनी पत्नी से बहुत प्यार करते थे। एक बार वह नदी के पार अपनी माँ के घर गई हुई थी और उससे मिलने के लिए आधी रात को तुलसीदास उफनती नदी के उस पार चले गए। उनकी इस हरक़त से शर्मिंदा होकर वह बोली, 'अगर तुमने भगवान से इतना प्यार किया होता, तो तुम्हें मोक्ष मिल जाता'। दंडित तुलसीदास उसके घर से निकल पड़े। वापस जाते समय उन्हें एहसास हुआ कि जिस लता को पकड़कर वहाँ उसके शयनकक्ष में गए थे, दरअसल वह एक साँप था और लकड़ी के जिस लट्ठे का सहारा लेकर उन्होंने नदी पार की थी, वह दरअसल एक लाश थी। वासना ने उन्हें अँधा बना दिया था। तब नफ़रत से भर, उन्होंने साधु बनकर भगवान के गीत लिखने में अपनी ज़िंदगी बिताना तय किया।

एक दिन, जब वे पेड़ को पानी दे रहे थे, उनके सामने एक प्रेत प्रकट हुआ और क्योंकि उन्होंने उसकी प्यास बुझाई थी, उनसे वरदान माँगने को कहा। तुलसीदास बोले कि वे राम को देखना चाहते हैं। इस पर प्रेत ने हनुमान की तरफ़ इशारा किया, जो एक कुष्ठ रोगी का रूप धर कर

चौपाई 40 : कवि के बारे में 149

वाराणसी में राम की कथा सुनने आए थे। इस तरह हनुमान को देखने के बाद तुलसीदास ने उनसे राम और लक्ष्मण के दर्शन कराने की विनती की और हनुमान के आशीर्वाद से उन्होंने चित्रकूट के पास दोनों भाइयों को घोड़े की सवारी करते देखा, और अगले ही दिन, जब तुलसीदास रोज़ सुबह की तरह चंदन घिस रहे थे, राम एक बालक के रूप में उनके सामने आए। इन दृश्यों से मंत्रमुग्ध हो तुलसीदास ने रामायण की रचना का निर्णय लिया। वे इसे संस्कृत में लिखना चाहते थे, लेकिन शिव और शक्ति ने उनके सपने में आकर क्षेत्रीय भाषा में लिखने का आदेश दिया, ताकि उसका प्रयोग नाटक में हो सके और शैव तथा वैष्णव के बीच कलह ख़त्म हो व सौहार्द्र बने।

तुलसीदास ने रामचरितमानस लिखी और वह बहुत सफल हुई थी। लोगों ने निष्कर्ष निकाला कि तुलसीदास महान संत थे, क्योंकि एक संत ही देसी भाषा में ऐसा लिख सकता है जो सामवेद की तरह सुरीला हो। स्थानीय पुजारी संस्कृत में लिखा न होने के कारण ख़ारिज़ कर रहे थे, इसलिए इसका परीक्षण करने के लिए उन्होंने संस्कृत पांडुलिपियों के ढेर में सबसे नीचे रख दिया और काशी में शिव के विश्वनाथ मंदिर में बंद कर दिया। सुबह होने पर जब पांडुलिपियों का बंडल खोला गया, तुलसीदास की रचना सबसे ऊपर थी और उसके पहले पन्ने पर ख़ुद शिव के द्वारा, 'सत्यं शिवं और सुंदरं' शब्द लिखे थे। उन्होंने तुलसीदास की रचना को सत्यता, पवित्रता और सुंदरता का अवतरण घोषित किया था।

तुलसीदास का लिखा जैसे-जैसे लोकप्रिय होता गया, उनकी प्रसिद्धि दूर-दूर तक फैल गई। लोगों ने कहा, वे मरे हुए को भी अपनी शानदार कविता की आवाज़ से वापस ला सकते थे। जब मुग़ल सम्राट अकबर ने यह सब सुना, तो उसने तुलसीदास को आगरा अपने दरबार में लाने का आदेश दिया। तुलसीदास यात्रा के इच्छुक नहीं थे, क्योंकि वे बूढ़े थे, जोड़ों में दर्द और अन्य गंभीर स्वास्थ्य समस्याएँ थीं, जिनमें शरीर पर फोड़ों का होना शामिल था। ग़रीबी ने अपना असर दिखाया था। लेकिन, उन्हें जाने के लिए मजबूर किया गया। सम्राट ने संत को चमत्कार दिखाने का आदेश दिया। तो तुलसीदास ने कहा कि वे कोई जादूगर नहीं हैं, सिर्फ़ एक कवि और राम के भक्त हैं। उनकी ईमानदारी को गुस्ताख़ी समझते हुए अकबर ने तुलसीदास को जेल में फिंकवा दिया।

चौपाई 40 : कवि के बारे में

जेल में, यह याद करते हुए कि किस तरह हनुमान ने बग़ैर कुछ वापस पाने की इच्छा के, राम और सुग्रीव और लक्ष्मण और विभीषण की सहायता की थी और बेमेल ज्योतिषीय स्थिति को सुलझाया, शारीरिक और मानसिक स्वास्थ्य बहाल किए, छोटी से छोटी समस्यों को सुधारने के साथ-साथ, साधक को गुप्त शक्तियों से लेकर आध्यात्मिक ज्ञान तक प्रदान किया, तुलसीदास ने हनुमान चालीसा की रचना की। अचानक, बिना किसी कारण के, आगरा शहर में एक वानर सेना ने क़हर बरपाना शुरू किया, जिससे बाज़ारों और महल का जीवन दुश्वार बन गया। यह कई दिनों तक चलता रहा, जब तक कि अकबर ने तुलसीदास को वापस वाराणसी नहीं जाने दिया। वाराणसी

में ही संत-कवि ने अपनी बाक़ी की ज़िंदगी राम और उनके समर्पित सेवक हनुमान में डूबकर बिताई।

दोहा 3 : हनुमान हो जाना

पवनतनय संकट हरन मंगल मूरति रूप।
राम लखन सीता सहित हृदय बसहु सुर भूप ।।

वायु के पुत्र, दुखों के संहारक, शुभता के अवतार
राम, सीता, लक्ष्मण के साथ हमेशा मेरे दिल में रहिए।

इस दोहे के साथ, हनुमान चालीसा समाप्त होती है। यह उस मंदिर से बाहर निकलना है, जहाँ हमने हनुमान का आह्वान किया, उनसे प्यार किया, उनका सम्मान किया और उनसे निवेदन किया, जिनका हम यहाँ तीन तरह से वर्णन करते हैं : उनके उद्गम के आधार पर (वायुदेव के पुत्र), उनके कार्यों के आधार पर (बाधाओं को दूर करने वाले) और उनके रूप के आधार पर (पवित्रता के अवतार)। अब उन्हें हम राम, लक्ष्मण और सीता के साथ अपने दिल में हमेशा रहने के लिए आमंत्रित करते हैं। इस बात से हमारा अर्थ क्या है? एक कहानी है, जो इसे ठीक से समझाती है :

एक बार हनुमान ने केले के पत्ते पर राम की आत्मकथा लिखी। जब वाल्मीकि ने उसे पढ़ा, तो वे रोने लग गए। हनुमान की रामायण अत्यधिक सुंदर थी, पूरी तरह से सुर और ताल में। इतनी सुंदर कि उनके द्वारा लिखी वाल्मीकि रामायण को पीछे छोड़ देगी। वाल्मीकि के लिए दुख महसूस करते हुए हनुमान ने केले का वह पत्ता जिस पर उन्होंने रामायण लिखी थी, फाड़ दिया और उसे पूरा खा गए। इस तरह उन्होंने अपनी रामायण को हमेशा के लिए नष्ट कर दिया। जब वाल्मीकि ने हनुमान से पूछा कि उन्होंने ऐसा क्यों किया, तो हनुमान ने जवाब दिया, 'वाल्मीकि को वाल्मीकि की रामायण की, हनुमान को हनुमान की रामायण से ज़्यादा ज़रूरत है। वाल्मीकि ने रामायण इसलिए लिखी थी कि दुनिया उन्हें याद करे; मैंने रामायण इसलिए लिखी थी

क्योंकि मैं राम को दुबारा खोजना चाहता था। मैं जो चाहता था वह मुझे मिल गया, वाल्मीकि जो चाहते हैं वह अभी उन्हें मिलना बाक़ी है।' यानी हनुमान का लेखन उनके लिए प्रसिद्धि या महिमा के लिए नहीं था, वह योग था : अपने दिल के अंदर के देवत्व की भव्यता का एहसास पाने का एक तरीक़ा।

रामायण के बड़े राज़ को बताने के लिए वाल्मीकि, हनुमान के सामने नतमस्तक हो गए। ऐसा कहा जाता है कि इसीलिए वाल्मीकि इतिहास के अलग-अलग काल में, अलग-अलग भूगोलों में, रामायण को अलग-अलग भाषाओं में दोबारा लिखने के लिए बार-बार जन्म लेते हैं, ताकि वे भी हनुमान की तरह राम को दोबारा खोज सकें। बहुत से लोग तुलसीदास को दोबारा जन्मे वाल्मीकि की तरह देखते हैं।

सारे भगवान पहले से ही हमारे दिल और हमारे आसपास हैं। उन्हें अंदर और बाहर, दोनों ही जगह तलाशना हम पर निर्भर करता है। हनुमान चालीसा की शुरुआत हनुमान की बाहरी उपस्थिति को मानने के साथ होती है और समाप्ति हनुमान को अंदर मानने के साथ होती है। व्यावहारिक रूप में इसका क्या अर्थ हुआ?

यह समझने के लिए हमें अपने को याद दिलाना होगा कि हर जीवित प्राणी भूख और दर्द से डर में खोया होता है। मनुष्य में यह डर, कल्पना से अनंत गुना बढ़ जाता है। इस से निबटने के लिए हम कल्पना का उपयोग करते हुए तकनीक का आविष्कार करते हैं और संसाधनों को इकट्ठा करते हैं। लेकिन दुनियाभर के सारे संसाधन हमारी ज़िंदगी का उद्देश्य नहीं समझा पाते। हम बेचैन रहते हैं। हम या तो धर्म से चिपक जाते हैं या दूसरों पर हावी होने के लिए शक्ति का इस्तेमाल करते हैं।

पुराणों में ब्रह्मा को दोष दिया जाता है कि वे वेदों को ग़लत समझे और उन्होंने एक ऐसी संस्कृति का निर्माण किया, जो धन और शक्ति को महत्त्व देती है। यही कारण है कि उन्हें पूजा नहीं जाता। इसके बजाय तपस्वी, शिव की पूजा की जाती है, जो धन और शक्ति को त्याग देते हैं और संस्कृति में हिस्सा नहीं लेते हैं।

शिव ब्रह्मा का पाँचवाँ सिर काट देते हैं और अपने हाथ में पकड़ते हैं, ताकि सारी दुनिया देख सके। पाँचवाँ सिर अहम्, उलझे दिमाग़ को दिखाता है, जो कल्पित भूख और डर की उपज होता है, जो हमें धन से चिपकने और

दूसरों पर नियंत्रण की चाहत देता है। हिंदू, संहार करने वाले शिव की पूजा करते हैं, क्योंकि वे वैदिक विज्ञान देते हैं, जिसे उपनिषद आत्मज्ञान कहते हैं।

विष्णु एक दूसरा नज़रिया अपनाते हैं : वे अपने आसपास के लोगों के उलझे हुए दिमाग़ को स्वीकारते, सँभालते और यहाँ तक कि सराहते हैं और उनके लिए इस उम्मीद में -कि वह अपने जीवन का उपयोग अपनी लत छोड़ने और दिमाग़ को सुलझाने के लिए करेगा- लगातार धन, शक्ति और ज्ञान उपलब्ध कराते हैं। उन्हें हमेशा सफलता नहीं मिलती। लेकिन वे हार नहीं मानते। दुनिया अनंत है और हर प्राणी के पास जीने के लिए अनंत जीवनकाल होते हैं और उनके पास मनुष्य की क्षमता पर असीम विश्वास और असीम धैर्य है। इसलिए, वे संरक्षक हैं।

रामायण में महत्त्वाकांक्षी कैकयी, ज़िद्दी रावण और अनर्गल बात करने वाले अयोध्या के निवासियों में ब्रह्मा निहित हैं। ये तीनों इस क़दर आत्मलीन

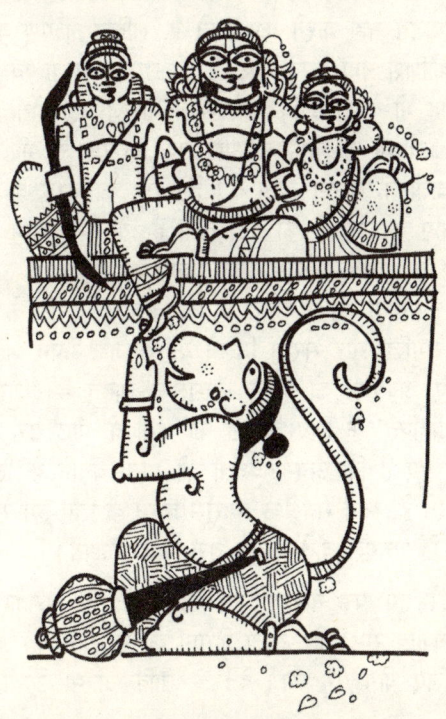

हैं कि इस से अनभिज्ञ हैं- उनके कार्यों का दूसरों पर क्या असर पहुँचेगा। उनके कार्यों के कारण राम और सीता जुदा होते हैं।

हनुमान शिव हैं। बोलचाल की भाषा में उनके नाम का अर्थ अहंकार (मान) का नाश (हनन) करने वाला है। वे धन, शक्ति और ज्ञान नहीं चाहते। वे संतुष्ट हैं। रामायण में हिस्सा लेने का उनके पास कोई कारण नहीं है, लेकिन वे इसका हिस्सा बनते हैं। वे राम और सीता के पुनर्मिलन में सहायता करते हैं। और आश्चर्य से देखते हैं कि कैसे यह दिव्य जोड़ा अपनी ज़िंदगी का संचार करता है।

हनुमान देखते हैं कि किस तरह राम, लक्ष्मण की तरह गुस्सा नहीं होते, चाहे वह कैकयी से हो या रावण से, यहाँ तक कि अयोध्या के उन लोगों से भी जो उनके शासन का फ़ायदा पाते हैं और तब भी सीता के चरित्र और उनकी रानी होने की योग्यता पर अनर्गल बातें करते हैं। वे उनकी छोटी सोच और क्षुद्र होने पर कोई आकलन नहीं करते। वे लक्ष्मण से उनका आकलन नहीं करने को कहते हैं, लेकिन लक्ष्मण के व्यवहार पर नियंत्रण की कोशिश नहीं करते, लक्ष्मण को उसका रास्ता स्वयं तलाशने देते हैं। हनुमान यह भी देखते हैं कि कैसे सीता नाराज़ नहीं होतीं, कैकयी से या रावण से या अयोध्या के लोगों से, यहाँ तक कि राम से भी, जो उन्हें प्रजा की अनर्गल बातों के कारण त्याग देते हैं। राम की तरह वे भी अंतर्निहित डर और दिमाग़ के उलझने को देख लेती हैं, वे उस अहम् को देख लेती हैं, जो कैकयी को उसके भविष्य और रावण को समाज में उसके स्थान के लिए असुरक्षित बनाता है। वे देखती हैं कि किस तरह राम के लोग, राम के आशीर्वाद से समृद्धि और सुरक्षा मिलने के बावजूद अपने शहर को 'शुद्ध' बनाने के लिए 'प्रदूषण' को बाहर निकालना चाहते हैं। 'शुद्धता' की इस चाहत और 'प्रदूषित' के लिए करुणा की कमी के पीछे डर ही कारण है। हम इतने डरे हुए हैं कि अपनी वैधता को मान्य बनाने के लिए दूसरों को अमान्य बना देते हैं, स्वयं सर्वश्रेष्ठ महसूस करने के लिए हम राजा की पवित्र पत्नी के बारे में अनर्गल बातें कहना बुरा नहीं समझते।

आप डरे हुए पर नाराज़ कैसे हो सकते हैं? इसका फ़ायदा क्या होगा? इसके बजाय राम और सीता दिमाग़ को समझाने के लिए, अहम् को निकालने के लिए योग पर ध्यान देते हैं, ताकि आत्मा उदयी बने। आत्मा

दोहा 3 : हनुमान हो जाना

के अवतार, सीता और राम में कोई डर या भूख नहीं है, इसलिए वे धन या शक्ति या अपने आसपास के लोगों की मंज़ूरी की इच्छा नहीं करते। वे दूसरों पर नियंत्रण नहीं करना चाहते। वे ब्रह्मा की तरह निर्भर नहीं हैं, वे शिव की तरह आत्मनिर्भर नहीं हैं; वे कैसी भी परिस्थिति क्यों न हो निर्भर होने लायक़ होना चुनते हैं।

राम की कहानी को बार-बार दोहराने से हनुमान, राम को समझते हैं और ढूँढ़ पाते हैं अपने अंदर के राम को, उस क्षमता को, जो निर्भर होने वालों के लिए निर्भर होने लायक़ बनाती है, उनके लिए भी जो इस लायक़ नहीं, जैसे भूखे और डरे हुए भक्तों की वह भीड़ जो मंदिरों में उनकी पूजा करती है।

इसी तरह, हनुमान चालीसा का बार-बार पाठ करने से हम हनुमान को समझने की और अपने अंदर के हनुमान को खोजने की उम्मीद रखते हैं।

आभार

प्रो. पुरुषोत्तम अग्रवाल, संघ लोकसेवा आयोग के पूर्व सदस्य, और पूर्व अध्यक्ष, भारतीय भाषा केंद्र, भाषा स्कूल, साहित्य एवं संस्कृति अध्ययन, जवाहरलाल नेहरू विश्वविद्यालय

मेरी गीता
देवदत्त पट्टनायक

देवदत्त पट्टनायक ने समकालीन पाठकों के लिए *भगवद गीता* के रहस्यों को उद्घाटित किया है। गीता का श्लोक दर श्लोक व्याख्या करने के बजाय उनकी कथ्यपरक विषयगत दृष्टिकोण अद्भुत है जो इस प्राचीन आलेख को उत्कृष्ट रूप से सुगम बनाती है, जिसमें उनके द्वारा बनाए गए चित्र एवं आकृतियाँ भी शामिल हैं।

एक ऐसे संसार में जो बातचीत की बजाय तर्क–वितर्क से, संवाद की बजाय विवाद से मंत्रमुग्ध दिखाई पड़ता है, वहां देवदत्त इसे रेखांकित करते हैं कि कैसे कृष्ण, अर्जुन को रिश्तों की आलोचना ना करके उसे समझने की ओर धकेलते हैं। यह आज और भी ज़्यादा प्रासांगिक बन जाता है जब हम 'आत्म' (आत्म–परिष्करण, आत्म यथार्थबोध, आत्मबोध और यहाँ तक कि सैलफी!) को तुष्ट करने और अलगाने की ओर बढ़ रहे हैं। हम भूल गए हैं कि हम दूसरों के इकोसिस्टम में रहते हैं, जहाँ हम भोजन, प्रेम और अर्थ देने–पाने से एक दूसरे का पोषण करते हैं। यहाँ तक कि तब भी जब हम झगड़ते हैं।